Ilona Grammer, Petra Schweller

Gesundheitliche Versorgungsplanung

Beraten – begleiten – planen

LAMBERTUS

Bibliografische Information der Deutschen Nationalbibliothek

Die Deutsche Nationalbibliothek verzeichnet diese Publikation in der Deutschen Nationalbibliografie; detaillierte bibliografische Daten sind im Internet über dnb.d-nb.de abrufbar.

www.lambertus.de
Satz: Astrid Stähr, Solms
Umschlaggestaltung: Nathalie Kupfermann, Bollschweil
Druck: Elanders GmbH, Waiblingen
ISBN: 978-3-7841-3281-5
ISBN ebook: 978-3-7841-3282-2

Ilona Grammer, Petra Schweller

Gesundheitliche Versorgungsplanung

Beraten – begleiten – planen

Laden Sie dieses Buch kostenlos auf Ihr Smartphone, Tablet und/oder Ihren PC und profitieren Sie von zahlreichen Vorteilen:

- **kostenlos:** Der Online-Zugriff ist bereits im Preis dieses Buchs enthalten
- **verlinkt:** Die Inhaltsverzeichnisse sind direkt verlinkt, und Sie können selbst Lesezeichen hinzufügen
- **durchsuchbar:** Recherchemöglichkeiten wie in einer Datenbank
- **annotierbar:** Fügen Sie an beliebigen Textstellen eigene Annotationen hinzu
- **sozial:** Teilen Sie markierte Texte oder Annotationen bequem per E-Mail oder Facebook

Aktivierungscode: gsge-2020

Passwort: 4399-7121

Download App Store/Google play:

- **App Store/Google play** öffnen
- Im Feld **Suchen Lambertus+** eingeben
- **Laden** und **starten** Sie die **Lambertus+ App**
- **Account/Login** oben rechts anklicken um das E-Book zu öffnen
- Bei **Produkte aktivieren** den **Aktivierungscode** und das **Passwort** eingeben und mit **Aktivieren** bestätigen
- Mit dem Button **Bibliothek** oben links gelangen Sie zu den Büchern

PC-Version:

- Gehen Sie auf **www.lambertus.de/appinside**
- **Account/Login** oben rechts anklicken, um das E-Book in der App freizuschalten
- **Aktivierungscode** und **Passwort** eingeben und mit **Aktivieren** bestätigen
- Wenn Sie Zusatzfunktionen wie persönliche Notizen und Lesezeichen nutzen möchten, können Sie sich unten mit einer persönlichen E-Mail-Adresse dafür registrieren
- Mit dem Button **Bibliothek** oben links gelangen Sie zu den Büchern

Bei Fragen wenden Sie sich gerne an uns:
Lambertus-Verlag GmbH – Tel. 0761/36825-24 oder
E-Mail an info@lambertus.de

SOZIAL | RECHT | CARITAS

Inhalt

Vorwort

„Der einzige Mensch, der sich vernünftig benimmt, ist mein Schneider. Er nimmt jedes Mal neu Maß, wenn er mich trifft, während alle anderen immer die alten Maßstäbe anlegen in der Meinung, sie passten auch heute noch.“
George Bernard Shaw

Im Sinne dieses Zitats von George Bernard Shaw geht es in den Gesprächen zur gesundheitlichen Versorgungsplanung darum, dass bei jedem Menschen individuell und immer wieder neu „Maß genommen“ wird.

Mit dieser Publikation bieten wir – um in dem oben benannten Bild zu bleiben – das Know-how und das Werkzeug für den „Schneider“. Uns geht es darum, dass jeder Bewohner seine individuellen Bedürfnisse und Präferenzen äußern kann und damit einen persönlich zugeschnittenen „Anzug“ erhält.

Ähnlich wie bei einem guten Schneider braucht es für ein zufriedenstellendes Ergebnis Beratung, Begleitung und eine gute Planung.

Die Einstellungen und Haltungen, wie der Schneider seinen Anzug herstellt, sind durchaus sehr relevant für das Ergebnis. Ebenso wie er die Beziehung zu seinem Kunden gestaltet.

Wir danken allen Personen, die uns bei der Erstellung dieses Buches beraten, begleitet, inspiriert und kritisiert haben.

- Dem Lambertus-Verlag GmbH für das Interesse am Thema und die professionelle Unterstützung,
- Gebhard Ebner und Willi Gertsen als Kollegen und konstruktivkritisches Gegenüber,
- den Weiterbildungsteilnehmern der Qualifizierungskurse beim Caritasverband für die Erzdiözese Freiburg für ihre Fragen und Diskussionen,
- den Einrichtungsleitungen und Gesprächsbegleitern in den Altenpflegeheimen für ihre Einblicke in die Herausforderungen bei der Implementierung,
- all denen, die bislang bereits Sorge dafür getragen haben, dass Bewohnerinnen und Bewohner in Altenpflegeheimen eine auf ihre Bedürfnisse zugeschnittene Versorgung am Lebensende bekommen haben.

Freiburg, August 2020
Ilona Grammer und Petra Schweller

Hinführung

Mit der gesundheitlichen Versorgungsplanung für die letzte Lebensphase kommt ein von den Krankenkassen finanziertes Leistungsangebot in die Einrichtungen der stationären Altenhilfe. Durch dieses Angebot sollen Versicherte, über die medizinisch-pflegerische Versorgung und Betreuung in der letzten Lebensphase beraten werden, und ihnen sollen Hilfen und Angebote der Sterbebegleitung aufgezeigt werden. Im Rahmen einer Fallbesprechung soll nach den individuellen Bedürfnissen des Versicherten insbesondere auf medizinische Abläufe in der letzten Lebensphase und während des Sterbeprozesses eingegangen, sollen mögliche Notfallsituationen besprochen und geeignete einzelne Maßnahmen der palliativ-medizinischen, palliativ-pflegerischen, psychosozialen und spirituellen Versorgung dargestellt werden. Die Fallbesprechung kann bei wesentlicher Änderung des Versorgungs- oder Pflegebedarfs auch mehrfach angeboten werden (Sozialgesetzbuch (SGB V) Fünftes Buch Gesetzliche Krankenversicherung §132g, 2015).

Das Gesprächsangebot wird von ausgebildeten Gesprächsbegleitern durchgeführt und soll Bewohner unterstützen, ihre Behandlungswünsche und -präferenzen für den Fall einer Urteilsunfähigkeit zu entwickeln und schriftlich festzuhalten. Damit wird diese Form der Beratung, Begleitung und Unterstützung zu einem sehr relevanten Prozess, dessen Einführung und dauerhafte Umsetzung in einer stationären Einrichtung eine aufmerksame und achtsame Unterstützung benötigt.
Diese Publikation richtet sich an Einrichtungsleitungen, Heimleitungen, Pflegedienstleitungen, zukünftige Gesprächsbegleiter und interessierte Mitarbeiter von Einrichtungen der vollstationären Altenhilfe, die planen, Gesprächsprozesse in der eigenen Einrichtung im Sinne des §132g SGB V (und der dazugehörenden Vereinbarung) anzubieten. Es wird praxisnah aufgezeigt, welche Schritte zur Einführung der Gesprächsprozesse bedacht und umgesetzt werden müssen. Dabei geht es keineswegs um ein Rezept zur Anwendung, sondern vielmehr um Aspekte, die zur eigenen Reflektion im Hinblick auf eine Implementierung zur Verfügung gestellt werden. Die Auseinandersetzung mit den relevanten ethischen, organisatorischen und praktischen Aspekten im Umgang mit der letzten Lebensphase soll angeregt werden. Jeder Träger der Altenhilfe bzw. jedes Altenpflegeheim wird seinen eigenen Weg zur Einführung und Umsetzung der Gesprächsbegleitung finden. Dem Angebot der gesundheitlichen Versorgungsplanung (GVP) geht idealerweise ein organisationaler Prozess der Sondierung, Selbstvergewisserung und Klärung voraus. Genauso individuell wie die einzelnen

Gesprächsprozesse geführt werden sollen, genauso individuell und passgenau soll die Gesprächsbegleitung in den Altenpflegeheimen eingeführt und regional verankert werden.

Sie erhalten Anregungen zur Auseinandersetzung mit relevanten Aspekten einer Sorgekultur, zur Reflexion einer ethischen begründeten Haltung und zur Professionalisierung des Gesprächsangebotes. Vielfältige Praxistipps mögen die Einführung, Qualitätssicherung und Verstetigung in der Organisation unterstützen und zu einer Weiterentwicklung des Leistungsangebotes und damit zu einem Gesamtkonzept „Palliative Care“ beitragen. Der Fokus liegt vor allem auf Organisationen der stationären Altenhilfe. Wobei zu erwähnen ist, dass das Leistungsangebot auch für die Einrichtungen der Eingliederungshilfe zur Verfügung steht. Es bleibt bei den geneigten Lesern, die Übersetzungsarbeit in den Bereich der Behindertenhilfe zu leisten.

Wir verwenden in diesem Buch bis auf wenige Ausnahmen für Einzelpersonen immer die männliche Schreibweise. Dies geschieht wegen der leichteren Lesbarkeit und schließt ausdrücklich alle Personen unabhängig von ihrem Geschlecht ein.

1 Gesundheitliche Versorgungsplanung

1.1 Vorüberlegungen und Verortung

In Deutschland hat der Gesetzgeber mit dem § 132g SGB V (§ 132g SGB V, 2015) einen wichtigen Impuls geschaffen, die gesundheitliche Versorgungsplanung in die stationären Versorgungsstrukturen im Sinne des internationalen Konzeptes Advance Care Planning (ACP) zu verankern. Getragen wird das Konzept von einem professionell begleiteten Gesprächsprozess, in dem Bewohner unterstützt werden, die eigenen Vorstellungen der gesundheitlichen Versorgung am Lebensende zu planen und schriftlich festzuhalten. Zudem sollen durch eine verbesserte Zusammenarbeit der verschiedenen Akteure in der Gesundheitsversorgung die Abläufe rund um die medizinische (Notfall-)Versorgung verbessert werden und eine regionale Implementierung die Kultur der Vorausplanung fördern.

Schon seit einiger Zeit werden Bewohner in Einrichtungen der stationären Altenpflege bei Bedarf hospizlich-palliativ begleitet. Dabei steht ihre jeweils individuelle Lebensqualität im Fokus der Pflege- und Betreuungskräfte. Die Betreuung und Begleitung der Bewohner findet daher immer in einem Spannungsfeld zwischen der Gestaltung von Leben und Sterben statt. Das Konzept der Bewohnerorientierung beschreibt einen geeigneten Weg, in einem Altenpflegeheim die Bedürfnisse der Bewohner und deren Angehörigen zu erfassen.

Das Konzept von Palliative Care, das einst für Tumorpatienten in der terminalen Lebensphase entwickelt wurde, kann nicht unkritisch und unverändert auf die geriatrisch-gerontologischen Bewohner in einem Altenpflegeheim übertragen werden. Bewohner in Pflegeeinrichtungen sind vielfach nicht in einer Lebensphase wie sie in der palliativen, hospizlichen Pflege beschrieben wird. Sie nehmen nach wie vor aktiv am Leben teil und haben eine hohe Lebensqualität. Sie setzen sich sehr unterschiedlich mit dem Leben und dem nahen Sterben auseinander. Daher ist künftig für die Pflege ein Sprachgebrauch zu entwickeln, der mehr Differenzierung möglich macht (z.B. Palliative Geriatrie als eine medizinische Definition und Palliative gerontologische Pflege als eine pflegerische Definition). Im weiteren Verlauf behalten wir jedoch den Begriff Palliative Care bei, da er am meisten eingeführt ist.

Palliative Care unterstützt und verbessert die Lebensqualität von Menschen mit unheilbaren, lebensbedrohlichen und chronisch fortschreitenden Krankheiten. Sie umfasst medizinische, pflegerische, psychische, soziale und spirituelle Unterstützung. Nach Eychmüller (Eychmüller 2008, S. 11 ff) kann Palliative Care mit den „4 S" beschrieben werden: Symptombehandlung, Selbstbestimmung, Sicherheit, Support für Angehörige.

Die Steuerung von Palliative Care-Prozessen ist eine zentrale Aufgabe der Führung auf allen Ebenen. Um das Lebensende selbstbestimmt (mit-)gestalten zu können, ist der Bereich der vorausschauenden Versorgungsplanung im Sinne einer Betreuungs- und Behandlungsplanung eine Notwendigkeit und damit konstitutives Element. Daher geht es aus unserer Sicht nicht darum, ob das Konzept der Palliative Care vollständig eingeführt und als Basis für die gesundheitliche Versorgungsplanung umgesetzt wird. Sowohl das Konzept und die Kultur der Palliative Care als auch die gesundheitliche Versorgungsplanung sind wichtige Ansätze für die Selbstbestimmung des einzelnen Bewohners und zur Förderung der Bewohnerorientierung. Die Umsetzung der Konzepte in der Einrichtung erfordern ständige Organisations- und Entwicklungsprozesse sowie enorme Bildungs- und Reflexionsanstrengungen.

1.2 Einführung der gesundheitlichen Versorgungsplanung – neuer und alter Auftrag für die Altenpflegeheime

Altenpflegeheime haben sich bereits in der Vergangenheit für das Wohlergehen ihrer Bewohner verantwortlich gezeigt – sowohl in gesundheitlichen Krisen als auch in der Begleitung am Lebensende. Versorgungsplanung und Begleitung in der letzten Lebensphase gehörten bisher schon zum Anspruch und Leistungsangebot der Altenpflegeeinrichtungen. Dies findet Ausdruck in Konzepten zur Palliative Care und zur Sterbebegleitung.

Mit der vom Gesetzgeber angestoßenen Intention können nun weitere Veränderungen eingeleitet werden. Die bestehende Praxis der Versorgungsplanung für die letzte Lebensphase in den Einrichtungen (Ziele, Organisation, Praxis) wird konkret durch qualifizierte Gesprächsbegleiter unterstützt und es werden eigens dafür entsprechende Personalressourcen finanziert. Damit kann sich in den Einrichtungen eine Palliative Care- und Vorsorgekultur strukturiert weiterentwickeln. Im Gegenzug ist die Einbindung der gesundheitlichen Versorgungsplanung für die letzte Lebensphase gemäß der Vereinbarung nach § 132g Abs. 3 SGB V (GKV-Spitzenverband, 2017) in die bestehenden Strukturen und Prozesse der Einrichtungen umzusetzen.

Unterstützung von Bewohnern und ihren Angehörigen in existenziellen Fragen und in der Begleitung am Lebendende

Sterben ist eine existenzielle Situation für jeden Menschen. Altenpflegeheime benötigen neben der entsprechenden Fachlichkeit auch zeitliche (haupt- und ehrenamtliche) Ressourcen, um eine gute Qualität in der (Sterbe-)Begleitung zu leisten.

In der Sterbebegleitung geht es darum, Menschen in den letzten Wochen und Tagen vor ihrem Tod Beistand in Form von Trost und einfühlsamer Betreuung zu geben. Für die meisten Menschen ist im Sterbeprozess vor allem menschliche Zuwendung besonders wichtig. Eine gute Sterbebegleitung erwächst aus dem sozialen Miteinander und bedarf der mitmenschlichen Geste. Eine der wichtigsten Aufgaben des Begleiters ist, die Bedürfnisse und die Wünsche des sterbenden Menschen wahr- und ernstzunehmen, das heißt, ihm im Sterben, in dieser existenziellen Erfahrung, in seiner Würde zu schützen und zu bewahren. Entscheidend dabei ist, was der Sterbende als würdevoll empfindet.

Bei der Begleitung Sterbender werden deren Bedürfnisse in körperlicher, psychischer, sozialer und spiritueller Hinsicht berücksichtigt. Was dabei als wichtig oder unwichtig, angenehm, unangenehm oder als Leiden empfunden wird, entscheidet der Sterbende nach Möglichkeit selbst. Für Menschen mit Demenz gilt es, in der Begleitung ihre Teilautonomie anzuerkennen und behutsam-mäeutisch diese auszudeuten und daraus die entsprechenden pflegerischen Interventionen abzuleiten.

Altenpflegeeinrichtungen haben in der Regel eine einrichtungsspezifische Konzeption zur Sterbebegleitung entwickelt. Dies ist oft auch ein Qualitätskriterium, welches von den Heimaufsichtsbehörden gefordert wird. Darin definieren sie ein personenorientiertes Pflegesystem und eine entsprechende Netzwerkarbeit, die meist biografiegeleitet, familien-, sozialraum- und religiös/spirituell orientiert ist.

Sie richten dabei die teamorientierte Pflegearbeit interprofessionell und multiprofessionell sowie im Hilfemix mit dem nichtberuflichen Hilfesystem (Ehrenamt, Hospizhelfer) aus. Dabei beziehen sie, wenn nötig, ein palliatives Beratungsteam (spezialisierte ambulante Palliativversorgung) und/oder ein ethisches Beratungsteam mit ein und sichern die Professionalität durch entsprechende berufliche Reflexion mittels Supervision.

Eine professionell begleitete und verantwortete Sterbekultur macht spirituelle Angebote, bietet Trauerarbeit und Familien- und Angehörigenarbeit, unterstützt Rituale im Zusammenhang mit Sterben, Tod und Trauer, fördert therapeutische Angebote zur Aktivierung alternativer Ausdrucksformen (Musik/Kunst/Berührung/Aromatherapie …) und kann auch spezielle Formen der Sterbebegleitung für Menschen mit Demenz möglich machen. Auch die Nachsorge ist im Blick, da es über die Versorgung der Verstorbenen hinaus um die Betreuung von Angehörigen und Mitbewohnern gehen kann und dabei passende Formen von Abschied und Andenken gefunden werden.

Auf den Bewohner bezogen richtet sich die Aufmerksamkeit auf eine partizipative Entscheidungsfindung, die auch ethische Fragestellungen beinhaltet. Bedeutsam wird hier eine angepasste und vernetzende Kommunikation mit nicht verwirrten und verwirrten Menschen und mit deren Familien/Angehörigen sowie weiteren Professionen (Sozialarbeiter, Therapeuten, Mediziner, Seelsorge, Ehrenamtliche, andere Dienstleister). Sterbebegleitung ist auch palliative Pflege. Alles, was direkt mit und für den Sterbenden geschieht, verlangt nach achtsamen und störungsfreien Begegnungen. Zeitdruck und Routinehandeln hat hier keinen Platz.

Die tabellarische Übersicht auf der nächsten Seite differenziert die verschiedenen Leistungsangebote zur bewohnergerechten Optimierung der gesundheitlichen und palliativen Versorgung am Lebensende. Diese Leistungen kann ein Bewohner bei Bedarf in Anspruch nehmen. Die Leistungserstellung bzw. Koordination dazu übernimmt das Altenpflegeheim. Die ärztlichen Leistungen sind nicht in der Tabelle gelistet.

Die weiteren Kapitel und Ausführungen beziehen sich auf die in der Tabelle auf der nächsten Seite rechts aufgeführten Leistungen der gesundheitliche Versorgungsplanung nach § 132g SGB V.

Merkmale (ausgewählte)	**Sterbebegleitung im Altenpflegeheim**	**Spezialisierte Ambulante Palliativ-Versorgung – SAPV**	**Gesundheitliche Versorgungsplanung nach § 132g SGB V**
Ziele/Intention der Leistung	Erweiterung der Inhalte des Rahmenvertrages § 75 SGB XI um die Inhalte der Sterbebegleitung Sterbebegleitung ist Auftrag eines jeden Altenpflegeheimes	Ambulante Versorgung unheilbar kranker Menschen in der letzten Lebensphase in Häuslichkeit sichern, ihre Lebensqualität verbessern/erhalten, ihnen ein menschenwürdiges Leben bis zum Tod in ihrer häuslichen Umgebung in einer stationären Pflegeeinrichtung oder einem Hospiz zu ermöglichen	Der Beratungsprozess soll Versicherte befähigen, Vorstellungen zu den gewünschten medizinischen Interventionen und dem Ausmaß an Palliativmedizinscher und Palliativ-pflegerischen Begleitung sowie Vorstellungen über die psychosoziale und spirituelle Betreuung für die letzte Lebensphase zu entwickeln. Hilfen und Angebote der Sterbebegleitung sind dabei aufzeigen
Finanzierung geregelt in:	**SGB XI** Rahmenvertrag § 75 SGB XI	**SGB V** Vertrag gemäß § 132d Abs. 1 i.V.m. § 37b SGB V über SAPV.	**SGB V** Hospiz- und Palliativgesetz; Erstattungsfähige Kosten siehe § 132g Abs. 3 SGBV
Vergütungs-struktur	Einrichtungsbezogene Regelungen (im Entgelt enthalten)	Länderspezifische Regelungen	Vereinbarung aus 2017, Umsetzung länderspezifisch, Kosten einrichtungsspezifisch oder als Pauschale
Ort und Art der Leistungs-erbringung	Vollstationäre Pflegeeinrichtung Leistung wird permanent vorgehalten und in der Situation individuell erbracht	Häuslichkeit, stat. Pflegeeinrichtung, Einrichtungen der Eingliederungshilfe für behinderte Menschen und der Kinder- und Jugendhilfe. Versicherte in stat. Hospizen haben Anspruch auf Teilleistung der erforderlichen ärztl. Versorgung. Kann bei Bedarf gewählt werden, nur mit ausgestellter und genehmigter Verordnung	Zugelassene Pflegeeinrichtungen im Sinne des § 43 SGB XI (Altenpflegeheime) und Einrichtungen der Eingliederungshilfe für behinderte Menschen Leistung wird permanent vorgehalten. Kann bei Bedarf gewählt werden.
Leistungserbringung (aus dem Blick der Einrichtung)	Intern	Durch externe Dienstleister (SAPV-Team).	Durch externe Dienstleister – oder – interne Mitarbeiter (hält die Einrichtung vor)
Qualifikations-anforderungen	Zugelassene Einrichtung – in Verantwortung des Trägers	Spez. Leistungserbringer arbeiten nach einem verbindlich strukturierten, schriftlich dargelegten Konzept (personelle und sächliche Anforderungen sind definiert)	Bundeseinheitliche Qualifikationsvorgaben siehe § 132g Abs. 3 SGB V; § 12)
Leistungsart (Inhalt und Umfang)	Bewohner- und einrichtungs-bezogene Leistungen	Beratungsleistung, Koordination der Versorgung, additiv unterstützende Teilversorgung, vollständige Versorgung, besteht aus ärztl. und pfleg. Leistung.	Koordination, Beratung, Willenserkundung, Shared Decision-Making, Fallbesprechung, Dokumentation, Archivierung, Aktualisierung, Kommunikation und Vernetzung

Tabelle 1: Differenzierung der Leistungen.

1.3 Entwicklung der vorausschauenden Versorgungsplanung

Bei „Advance Care Planning“ oder „Respecting Choice“ handelt es sich um ein Gesprächskonzept, welches in den letzten 30 Jahren von den USA, Australien und Kanada ausgehend entwickelt wurde. In den Jahren 2008 –2011 förderte das Bundeministerium für Forschung Bildung und Entwicklung (BMBF) ein Projekt unter dem Titel „beizeiten begleiten“ mit dem Ziel, das amerikanische Konzept „Respecting Choice“ für die Situation in Deutschland zu adaptieren (Coors 2018, S. 195ff.). Auf Basis dieses Projekts und dessen Evaluationen wurde das nun für Deutschland vorliegende Konzept zur „gesundheitlichen Versorgungsplanung“ entwickelt.

Die Entwicklung eines Konzepts zur gezielten gesundheitlichen Vorausplanung war erforderlich, da Studien zeigten, dass Patientenverfügungen zu wenig verbreitet sowie, wenn vorhanden, vielfach nicht auffindbar, aussagekräftig oder valide sind und selbst dann, wenn sie vorliegen und anwendbar wären, häufig nicht befolgt werden (in der Schmitten 2014, S. 50 ff).[1] Tagtäglich werden Therapieentscheidungen bei aktuell nicht einwilligungsfähigen Patienten in kritischen Situationen ohne die Kenntnis des Patientenwillens getroffen. Das medizinisch Indizierte und Machbare, Behandlungsalgorithmen und Leitlinien der Akutmedizin sind die führenden Entscheidungshilfen, wenn keine weiteren Informationen vorliegen. Möglicherweise hätten die Betroffenen selbst in der Situation so nicht entschieden. Lange wurde die Verfassung einer Patientenverfügung postuliert und auch rechtlich gestärkt, jedoch bleiben Patientenverfügungen, so wie sie bisher erstellt wurden, meist wirkungslos.

Durch eine aufsuchende und gezielte Beratung sollen Bewohner nun unterstützt und beraten werden, ihre eigene „Behandlung im Voraus (zu) planen“ (BVP) und diese Vorstellungen schriftlich festzuhalten. Zudem soll durch den Ausbau von Netzwerken zwischen den verschiedenen Versorgungseinrichtungen und in der Situation beteiligten Akteure (z.B. Altenpflegeheim, Klinik, Notarzt, Hausarzt, Angehörige) besser gewährleistet werden, dass der schriftlich festgehaltene Wille des Bewohners im Falle seiner Urteilsunfähigkeit berücksichtigt werden kann.

1 In der Literatur wird die Einführung der Patientenverfügungen oft als gescheitert beschrieben. Kritisch anmerken möchten wir, dass dies Indizien im Hinblick auf eine gesellschaftliche und normative Erwartung sind, eine Patientenverfügung zu besitzen. Dies muss aus unserer Perspektive nach wie vor diskussionswürdig bleiben.

1.4 Gesetzliche Verankerung der gesundheitlichen Versorgungsplanung

Die gesundheitliche Versorgungsplanung für die letzte Lebensphase gemäß § 132g SGB V wurde im Gesetz zur Verbesserung der Hospiz- und Palliativversorgung in Deutschland (Hospiz- und Palliativgesetz – HPG) (Bundesgesetzblatt, 2015) geregelt. Das HPG enthält vielfältige Maßnahmen, die die medizinische, pflegerische, psychologische und seelsorgerische Versorgung von Menschen in der letzten Lebensphase verbessern. Menschen sollen überall dort gut versorgt sein und begleitet werden, wo sie die letzte Phase ihres Lebens verbringen – ob zu Hause, im Pflegeheim, im Hospiz oder Krankenhaus. Und sie sollen im Krankheitsfall so behandelt und begleitet werden, wie es ihren individuellen Wertvorstellungen, Wünschen und Behandlungszielen entspricht. Dies auch, wenn sie aktuell ihre Behandlungseinwilligung oder -ablehnung nicht mehr äußern können. Ziel und Umfang der Behandlung in lebensbedrohlichen Situationen, die mit Nicht-Einwilligungsfähigkeit eines Patienten bzw. Bewohners einhergehen, sollten sich nicht länger an medizinischen Standards der Machbarkeit oder Vertretbarkeit orientieren, sondern an dem vom Patienten gewünschten aussagekräftigen und valide vorausverfügten Vorstellungen und dem Patientenwillen. Die derzeit existierende Begriffsvielfalt ACP – Advance Care Planning, BVP – Behandlung im Voraus planen, Beizeiten begleiten®, GVP – gesundheitliche Versorgungsplanung zeigt, dass sich die Umsetzung des Rahmenkonzepts ACP in Deutschland noch in einer Findungsphase befindet und sich die praktikablen Modelle noch beweisen werden müssen. Nachfolgende Tabelle gibt eine Übersicht über aktuelle Formulierungen und deren Bedeutung.

Gesundheitliche Vorausplanung	Bringt eher wenig deutlich zum Ausdruck, dass es auch darum gehen soll, künftige Therapieentscheidungen vorauszubestimmen.
Vorausschauenden Versorgungsplanung	Betont die über den medizinischen Bereich hinausgehenden psychosozialen, pflegerischen und spirituellen Aspekte.
Beizeiten begleiten®	Modellprojekt zur gesundheitlichen Vorausplanung, betont die rechtzeitig begleitete Vorausplanung.
Vorausschauende Behandlungsplanung bzw. Behandlung im Voraus planen (BVP)	Betont eher die medizinische Entscheidung und die vorausschauende Ermittlung des Patientenwillens.
Gesundheitliche Versorgungsplanung für die letzte Lebensphase	Im Leistungsrecht SGB V eingeführter Begriff. Er beschreibt ein Beratungsangebot zur medizinisch-pflegerischen, psychosozialen und/oder seelsorgerlichen Versorgung in der letzten Lebensphase.

Tabelle 2: Begriffsvielfalt GVP

In den folgenden Ausführungen wird der in der Rahmenvereinbarung gesetzte Begriff GVP – gesundheitliche Versorgungsplanung – verwendet.

Die Eckdaten, die im § 132g SGB V Gesundheitliche Versorgungsplanung für die letzte Lebensphase festgelegt sind, lassen sich wie folgt zusammenfassen:

- Altenpflegeheime können den Versicherten eine gesundheitliche Versorgungsplanung für die letzte Lebensphase anbieten.
- Die Beratung zielt auf die medizinische, pflegerische, psychosoziale und spirituelle Versorgung und Betreuung in der letzten Lebensphase.
- Die Unterstützungsangebote der Sterbebegleitung in der Einrichtung sollen aufgezeigt werden.
- Bei bestehender chronischer oder akuter Erkrankung soll in Fallbesprechungen besonders auf die individuellen Bedürfnisse des Versicherten bezüglich der medizinischen Versorgung in der letzten Lebensphase und während des Sterbeprozesses eingegangen werden.
- Mögliche Notfallsituationen sollen besprochen und geeignete einzelne Maßnahmen der palliativ-medizinischen, palliativ-pflegerischen und psycho-sozialen Versorgung dargestellt werden.
- Fallbesprechungen können bei wesentlicher Änderung des Versorgungs- oder Pflegebedarfs mehrfach angeboten werden.
- In die Fallbesprechung ist der jeweilig behandelnde Hausarzt bzw. Vertragsarzt einzubeziehen.
- Angehörige und weitere Vertrauenspersonen sind auf Wunsch zu beteiligen.
- Für Notfallsituationen soll die erforderliche Informationsweitergabe an Rettungsdienste und Krankenhäuser vorbereitet werden.
- Zur Sicherstellung der individuellen Versorgungsplanung sollen regionale Betreuungs- und Versorgungsangebote einbezogen werden.
- Die Einrichtungen können das Beratungsangebot selbst oder in Kooperation mit anderen regionalen Beratungsstellen durchführen.
- Inhalte, Anforderungen und erstattungsfähige Kosten der Versorgungsplanung werden in einer Rahmenvereinbarung bundeseinheitlich geregelt (siehe Vereinbarung nach § 132g Abs. 3 SGB V über die Inhalte der gesundheitliche Versorgungsplanung für die letzte Lebensphase vom 13.12.2017 (GKV-Spitzenverband, 2017))
- Die Krankenkasse des Versicherten trägt die notwendigen Kosten.
- Die ärztlichen Leistungen sind aus der vertragsärztlichen Vergütung zu finanzieren.

Alle drei Jahre soll dem Bundesministerium für Gesundheit über die Umsetzung der Vereinbarung berichtet werden.

1.5 Vereinbarung nach § 132g Abs. 3 SGB V über Inhalte und Anforderungen der gesundheitlichen Versorgungsplanung für die letzte Lebensphase

Zur Konkretisierung und einer bundeseinheitlichen Umsetzung ist die Vereinbarung nach § 132g Abs. 3 SGB V verabschiedet worden. Sie wurde zwischen dem GKV-Spitzenverband und den Vereinigungen der Träger vollstationärer Pflegeeinrichtungen und Einrichtungen der Eingliederungshilfe für Menschen mit Behinderung geschlossen (GKV-Spitzenverband, 2017).[2]

Sie definiert und regelt die Zielsetzung der Leistung, den anspruchsberechtigten Personenkreis, die Qualifikation der Berater sowie die Anforderungen, die Organisation, Dokumentation und die Finanzierung der Leistung für Versicherte der Gesetzlichen Krankenversicherung in stationären Pflegeeinrichtungen und in Einrichtungen der Eingliederungshilfe für Menschen mit Behinderung. Derzeit nicht einbezogen sind teilstationäre Pflegeeinrichtungen, Einrichtungen der Kurzzeitpflege und stationäre Hospize. Damit Einrichtungen die Leistungen nach § 132g SGB V unter Maßgabe der oben genannten Vereinbarung erbringen dürfen, müssen sie den Landesverbänden der Krankenkassen und den Verbänden der Ersatzkassen erklären und nachweisen, dass sie die Anforderungen der Vereinbarung erfüllen. Dazu haben die meisten Landesverbände der Krankenkassen sowie die Verbände der Ersatzkassen mit den Trägerverbänden oder den Trägern der Einrichtungen eine Vergütungsvereinbarung abgeschlossen.

Mit Unterzeichnung der Vereinbarung durch den jeweiligen Trägers ist die rechtliche Grundlage geschaffen, dass das jeweilige Altenpflegeheim seinen Bewohnern eine Versorgungsplanung zur individuellen und umfassenden medizinischen, pflegerischen, psychosozialen und seelsorgerischen Betreuung in der letzten Lebensphase anbieten kann und dieses Angebot von den Krankenkassen finanziert wird.

1.6 Inhalte der Vereinbarung nach § 132g Abs. 3 SBV

Der Gesprächsprozess ist das Herzstück der gesundheitlichen Vorausplanung. Unter Begleitung des qualifizierten Gesprächsbegleiters nehmen der Vorausplanende und weitere relevante Personen daran teil. Die im Gespräch entwi-

2 Zum Download unter www.lambertus.de/GVP.

ckelten Einstellungen, Wertvorstellungen, Präferenzen und Festlegungen werden anwendungstauglich dokumentiert. Entscheidend ist eine Standortbestimmung zur derzeitigen Lebenssituation und der derzeitigen Lebensqualität. Diese kann dann ausschlaggebend sein für die weitere Therapie und die weitere Versorgung. Relevant für weitere Entscheidungen zur medizinischen und pflegerischen Behandlung sind ebenso religiöse, spirituelle und persönliche Überzeugungen oder kulturelle Hintergründe, die Ausdruck der eigenen Lebensphilosophie und Wertehaltung sind.

Eine solche, dem Leben zugewandte Gesprächsbegleitung schließt Notfallsituationen, schwere und chronische Krankheitssituationen, geplante Operationen und Interventionen und den Bereich der Urteilsunfähigkeit mit ein. Ebenso kann unter Einbezug des behandelnden Arztes (Hausarzt, SAPV-Arzt oder sonstige Vertragsärzte) eine ärztliche Notfallplanung definiert werden.

Wir sehen die gesundheitliche Versorgungsplanung als einen ergebnisoffenen, von Fachkräften begleiteten, sich ständig vergewissernden und andauernden Kommunikationsprozess, der zur Erfassung der subjektiven Wertvorstellungen am Ende des Lebens dient.

Im Folgenden wird die Vereinbarung nach §132g Abs. 3 SGB V über Inhalte und Anforderungen der gesundheitlichen Versorgungsplanung für die letzte Lebensphase vorgestellt.[3] Schritt für Schritt werden die einzelnen Abschnitte der Rahmenvereinbarung benannt und dabei aufgezeigt, welche Maßnahmen zur Umsetzung in der Praxis zu beachten und einzuleiten sind. Hinzugefügt werden die jeweiligen Umsetzungsoptionen bzw. spezifischen Entwicklungsmöglichkeiten für die Praxis in den Altenpflegeheimen.

Aussagen der Rahmenvereinbarung und Hinweise zur einrichtungsspezifischen Umsetzung:

- Unter Beachtung dieser Vereinbarung bleibt die konkrete Organisation des Beratungsangebotes den Einrichtungen überlassen. (§1 Abs. 5)
- Die Organisations- und Durchführungsverantwortung für den Beratungsprozess der gesundheitlichen Versorgungsplanung für die letzte Lebensphase obliegt dem Gesprächsbegleiter im Rahmen seiner Zuständigkeit. (§ 8 Abs. 1)
- Die GVP ist in die Gesamtstruktur und konzeptionelle Ausrichtung der Einrichtung einzubinden. (§7 Abs. 1)

3 Die Angaben der Paragrafen beziehen sich immer auf diese Vereinbarung.

- Die GVP kann unterschiedlich organisiert und eingegliedert werden:
  a. Durchführung durch das qualifizierte eigene Personal der Einrichtung,
  b. Durchführung durch das qualifizierte Personal des Einrichtungsträgers im Rahmen von Kooperationen mehrerer vollstationärer Pflegeeinrichtungen (auch trägerübergreifend möglich),
  c. Durchführung in Kooperation mit externen regionalen Anbietern (§7 Abs. 2).

Aufgaben und Hinweise zur Umsetzung:

- Die Organisation entscheidet, ob und wann sie in der Lage ist, die Leistungen nach §132g Abs. 3 SGB V qualitätsvoll anbieten zu können.
- Die Einrichtung bzw. der Träger definiert die dazugehörenden Organisationsprozesse.
- Die Einrichtung wählt die jeweilige passende Beratungsstruktur[4] aus (externe oder interne Gesprächsbegleiter, Pool von mehreren Gesprächsbegleitern, trägerbezogene Organisation für mehrere Einrichtungen, Stellenprofil in Kombination mit anderen Aufgaben etc.).
- Sie entscheidet über die Auswahl der geeigneten Mitarbeiter (Auswahl entsprechend §12 Qualifikationsvorgaben) und
- mit wie vielen Mitarbeitern/Stellenanteilen die Aufgabe umgesetzt wird (siehe Beratungsstruktur).
- Es ist sinnvoll, für Gesprächsbegleiter, die in der eigenen Einrichtung tätig sind, regelmäßig Zeiten für die Gesprächsbegleitung im Dienstplan festzuhalten.
- Die Einbindung der ausgebildeten Gesprächsbegleiter, die dazu erforderlichen internen Kommunikationsstrukturen und die Eingliederung der Gesprächsbegleiter in die Organisation müssen einrichtungsintern festgelegt werden.
- Die Einrichtung muss entscheiden, mit welchen Dokumenten der Wille des Bewohners festgehalten wird und wie die Informationen allen relevanten Beteiligten zugänglich gemacht werden können.

4 In den offiziellen Dokumenten wird der Begriff Beratung und Beratungsprozess verwendet. Wir haben uns entschieden, von einer Gesprächsbegleitung zu sprechen, um die Begleitung im Rahmen des Prozesses in den Vordergrund zu stellen.

Aussagen der Rahmenvereinbarung zur Angebotsstruktur:

- Bei bestehendem Angebot durch die Einrichtung hat der Bewohner einen Anspruch auf eine Gesprächsbegleitung. (§ 3 Abs. 3)
- Die Gesprächsbegleitung ist grundsätzlich allen Bewohnern (konkret den GKV-Versicherten Bewohnern) anzubieten. (§ 3 Abs. 3)
- Bewohner erhalten durch die Einrichtung strukturiert allgemeine Informationen darüber, dass eine gesundheitliche Versorgungsplanung für die letzte Lebensphase angeboten wird. Dabei wird auf die Zielsetzung und den Inhalt der Versorgungsplanung hingewiesen. (§ 8 Abs. 2)
- Im ersten Kontakt des Gesprächsbegleiters mit dem Bewohner erfolgt eine Verständigung und Erörterung zur Zielsetzung des Gesprächs und zum Prozess der gesundheitlichen Versorgungsplanung für die letzte Lebensphase. (§ 5 Abs. 2)
- Das Gesprächsangebot ist nach dem Einzug eines Bewohners nach einer individuellen Eingewöhnungszeit anzubieten. (§ 8 Abs. 4).
- Der Bewohner kann den Beratungsprozess jederzeit beenden. (§ 8 Abs. 5)

Aufgaben und Hinweise zur Umsetzung:

- Jede Einrichtung kann selbst festlegen, wie sie über die Gesprächsangebote informiert (siehe Anhang Infokarte, Hinweise Flyer/Broschüren).
- Sie stellt sicher, dass jeder Bewohner das Angebot erhält (siehe Anhang Gesprächskontaktliste).
- Jede Einrichtung definiert Kriterien, wann und wie ein Gespräch angeboten wird. Dies kann im Rahmen des Qualitätsmanagements als Verfahrensanweisung definiert werden (Konzept erstellen).
- Im Rahmen der Evaluation des Heimeinzuges kann über einen geeigneten Zeitpunkt für das Gesprächsangebot beraten werden.
- Jedwede Absicht des Bewohners, den Beratungsprozess zu beenden, wird respektiert. Der Gesprächsbegleiter steht nicht unter „Erfolgsdruck".

Aussagen der Rahmenvereinbarung zur Freiwilligkeit:

- Die Inanspruchnahme der Versorgungsplanung ist freiwillig. (§ 3 Abs. 4; § 8 Abs. 3)
- Jedem Bewohner wird ein Gespräch mit dem Berater zur gesundheitlichen Versorgungsplanung für die letzte Lebensphase angeboten. Wird das erstmalige Gesprächsangebot abgelehnt, besteht auch zu einem späteren Zeitpunkt die Möglichkeit der Inanspruchnahme. (§ 8 Abs. 3)

Aufgaben und Hinweise zur Umsetzung:

- Es findet eine offene, wertfreie Information über das Angebot statt. Auch An- und Zugehörige werden über das Gesprächsangebot informiert.

- ❖ Dies bedeutet, dass die Gesprächsbegleitung in Anspruch genommen werden kann, aber nicht muss.
- ❖ Der Aspekt der Freiwilligkeit muss in der Praxis immer wieder reflektiert werden.
- ❖ Es ist unserer Meinung nach moralisch nicht statthaft, dass z.B. der Abschluss eines Heimvertrags den Bewohner verpflichtet, eine gesundheitliche Versorgungsplanung zu erstellen.

Aussagen der Rahmenvereinbarung zur patientenzentrierten Erfassung von individuellen Wertvorstellungen und der Orientierung an den persönlichen Werten des Bewohners:

- ❖ Die Kommunikation in der Gesprächsbegleitung zielt darauf ab, dass der Bewohner seine persönlichen Vorstellungen über medizinisch-pflegerische Abläufe, das Ausmaß, die Intensität, Möglichkeiten und Grenzen medizinischer Interventionen sowie palliativ-medizinischer und palliativ-pflegerischer Maßnahmen in der letzten Lebensphase entwickeln und mitteilen kann. (§ 2 Abs. 1)
- ❖ Die Berücksichtigung der Autonomie des Bewohners hat oberste Priorität. Die Selbstwirksamkeit des Bewohners soll bewahrt und die individuell empfundene Lebensqualität gefördert werden. (§ 2 Abs. 1)
- ❖ Die persönlichen Vorstellungen und Betreuungswünsche sollen im Gespräch entwickelt werden. (§ 2 Abs.1)
- ❖ Der Bewohner erhält die Möglichkeit, mit dem Gesprächsbegleiter seine Werte, Grundhaltungen und Ziele sowie eine zu ihm passende Versorgung und Behandlung am Lebensende zu reflektieren. Einstellung zum Leben, mögliche Belastungen, die pflegerische Unterstützung sowie Versorgungswünsche können Bestandteil der Gesprächsbegleitung sein. (§ 5 Abs. 4)
- ❖ Das Ergebnis des Beratungsprozesses kann eine schriftliche Willensäußerung sein, die auch in Form einer (ggf. aktualisierten) Patientenverfügung abgegeben werden kann. (§ 2 Abs. 2; vgl. § 9)
- ❖ Die Erstellung einer Patientenverfügung ist nicht zwingend. (§ 2 Abs. 2)

Aufgaben und Hinweise zur Umsetzung:

- ❖ Ausgebildete Gesprächsbegleiter unterstützen den Bewohner individuell in der Abwägung verschiedener Handlungsoptionen auf Basis seiner Wertvorstellungen von einem „guten Leben und guten Sterben". Sie beraten den Bewohner aufgrund ihrer Fachkompetenz bei der Erstellung von rechtswirksamen Dokumenten.
- ❖ Die Erfassung der Wünsche und Bedürfnisse eines Bewohners hinsichtlich seiner Versorgungsplanung ist letztendlich nicht alleinige Aufgabe der Ge-

sprächsbegleiter. Innerhalb einer Einrichtung ist es erforderlich, eine Gesprächskultur zu entwickeln, wonach Bewohner offen über ihre Vorstellungen, Ängste, Bedürfnisse und Sorgen bzgl. ihrer weiteren gesundheitlichen Versorgung sprechen können. Der eigene Wille ist ein Ergebnis von vielfältigen Reflexionsprozessen. Hierfür sollten alle Mitarbeiter ein „offenes Ohr" haben.

- Alle Mitarbeiter üben sich in dem Perspektivenwechsel, gehen auf Distanz zu ihren eigenen Vorstellungen und richten ihre Aufmerksamkeit auf die Äußerungen der Bewohner. Schulungen zur Entwicklung dieser Gesprächshaltung können Bestandteil der Fortbildung für alle Mitarbeiter sein.
- Mitarbeiter nehmen eine anwaltschaftliche Haltung gegenüber den Werten und Wünschen der Bewohner ein.
- Mitarbeiter haben die Möglichkeiten, sich mit verschiedenen Wertvorstellungen im Rahmen von Fortbildungen auseinanderzusetzen.
- Die Einrichtung findet geeignete Prozesse, um sich zu vergewissern, dass die Wertvorstellungen des Bewohners sich entsprechend entfalten können.

Aussagen der Rahmenvereinbarung zum professionell begleiteten Gesprächs- und Reflexionsprozess:

- Die Gesprächsbegleitung kann aus verschiedenen Gesprächsformen bestehen. Diese sind Beratungsgespräche und Fallbesprechungen. (§ 5 Abs. 1)
- Der Beratungsprozess schließt die Dokumentation des Beratungsprozesses und die Willensäußerungen ein. (§ 5 Abs. 1)
- Die Gesprächsbegleiter sind qualifiziert. Für die Ausübung der Tätigkeit sind fachliche, personale Kompetenzen und Erfahrung notwendig. (§ 12; § 5 Abs. 2)

Aufgaben und Hinweise zur Umsetzung:

- Die ausgebildeten Gesprächsbegleiter entscheiden je nach Bewohner, welche Art von Gespräch bei den Bewohnern erforderlich ist und welche Fachpersonen zur Beratung hinzugezogen werden müssen. Besonders in Fallbesprechungen und bei der Erstellung von Notfallplanungen ist eine gute Zusammenarbeit mit den behandelnden Ärzten und Notärzten anzustreben.
- Die Fallbesprechungen, die im Rahmen der GVP stattfinden, sind beschrieben und unterscheiden sich von Fallbesprechungen anderer Art, (siehe Anhang-Übersicht von Fallbesprechungen).
- Die Einrichtung wählt einen geeigneten Weiterbildungsträger für die Ausbildung der Gesprächsbegleiter.
- Die Einrichtung definiert die für Sie relevanten Aspekte für die Auswahl geeigneter Mitarbeiter als Gesprächsbegleiter.

Aussagen der Rahmenvereinbarung zur Verbesserung der palliativen Versorgung:

- Hilfen und Angebote der Sterbebegleitung sowie zur möglichen psychosozialen Versorgung im Rahmen der gesundheitlichen Versorgungsplanung für die letzte Lebensphase sollen aufgezeigt werden. (§ 2 Abs.1)
- Informationen zu den Möglichkeiten der palliativen Versorgung und Sterbebegleitung sollen gegeben werden. Über zur Verfügung stehende Kooperationspartner der Einrichtung, wie z.B. die regionale Hospiz- und Palliativversorgung, die Angebote der Seelsorge, psychosozialen Begleitung und medizinisch-pflegerische Versorgung soll informiert werden. (§ 5 Abs. 4)
- Wünsche und Vorstellungen zu Situationen, die am Lebensende eintreten könnten (z. B. Bewusstlosigkeit, Atemnot, Herzstillstand, anhaltender Zustand der fehlenden Fähigkeit zur Äußerung des natürlichen Willens) sollen angesprochen und erfragt werden. Ebenso mögliche medizinisch-pflegerische Abläufe sowie mögliche Notfallszenarien und mögliche Notfallmaßnahmen. (§ 5 Abs. 4)
- Die GVP ist Teil einer „Palliative Care" und damit Bestandteil zur (Weiter-) Entwicklung der Hospiz- und Palliativkultur innerhalb der Einrichtungen. (§ 7 Abs. 1)

Aufgaben und Hinweise zur Umsetzung:

- Die Kooperationspartner müssen über das Angebot der gesundheitlichen Versorgungsplanung informiert (Informationsschreiben oder Informationsabend) und dauerhaft einbezogen werden.
- Regelmäßige Gespräche auf Organisationsebene zur Gestaltung des Gesamtangebots sind sinnvoll.
- Die Einrichtung kann ihre Unterstützungen und Hilfen zur Sterbebegleitung in einem Informationsblatt zusammenfassen, sodass allen Mitarbeitern diese Informationen zur Verfügung haben (z.B. Palliative Care Fachkräfte, Kooperation mit der ambulanten Hospizarbeit, Spezialisierte ambulante Palliativversorgung, Kooperationen mit Ärzten und Schmerztherapeuten, Anwendung von alternativen Therapieangeboten, Seelsorge etc.).
- Die Einrichtung definiert, wie die Einführung der GVP mit der Weiterentwicklung der Palliative Care Kultur verbunden ist (siehe Qualitätsindikatoren in Kapitel 4).

Aussagen der Rahmenvereinbarung zur Beteiligung von An- und Zugehörigen:

- Auf Wunsch oder mit Zustimmung des Bewohners können An- und Zugehörige sowie andere relevante Personen an den Gesprächen beteiligte werden (sowohl persönlich als auch fernmündlich). (§ 5 Abs. 2)

- Vorhandene rechtliche Betreuer sind in den Gesprächsprozess einzubeziehen. (§ 5 Abs. 2)

Aufgaben und Hinweise zur Umsetzung:

- Der Kontakt und die Zusammenarbeit mit An- und Zugehörigen sowie rechtlichen Betreuern muss hinsichtlich der gesundheitlichen Vorausplanung des Bewohners intensiviert werden.
- Ggf. sind in der Einrichtung dazu die Zuständigkeiten und Kompetenzen neu zu verteilen (z.B. Leitungsverantwortung Pflege, Sozialdienst).

Aussagen der Rahmenvereinbarung zur Willensäußerung – Behandlungspräferenzen:

- Der Bewohner soll in die Lage versetzt und dabei unterstützt werden, seine individuellen Versorgungs- und Behandlungspräferenzen für das Lebensende zu entwickeln bzw. weiterzuentwickeln. Dabei sind auch nonverbale Willensäußerungen zu ermitteln. (§ 5 Abs. 5)
- Solange der Bewohner sich selbst äußern kann – auch nonverbal – steht im Beratungsprozess seine Willensäußerung vor allen anderen Erwägungen. Der Inhalt einer solchen Äußerung ist mit besonderer Sorgfalt schriftlich festzuhalten. (§ 5 Abs. 6)

Aufgaben und Hinweise zur Umsetzung:

- Mitarbeiter werden geschult in der Erfassung nonverbaler Willensäußerungen.

Aussagen der Rahmenvereinbarung zur Information über Vorsorgeinstrumente:

- Das Angebot zur Aufklärung über bestehende rechtliche Vorsorgeinstrumente (insbes. Patientenverfügung, Vorsorgevollmacht und Betreuungsverfügung) soll erläutert werden. (§ 5 Abs. 5)
- Ein Angebot zur Aktualisierung bereits vorhandener rechtlicher Vorsorgeinstrumente soll unterbreitet werden. (§ 5 Abs. 5)

Aufgaben und Hinweise zur Umsetzung:

- Die Einrichtung stellt erprobte Vorlagen für eine Patientenverfügung, Versorgungsplanung, Notfallplanung und Erstellung einer Vorsorgevollmacht zur Verfügung.
- Alle Mitarbeiter sind in der Lesart der Formulare geschult.
- Die Einrichtung evaluiert in Abständen den Nutzen bzw. die Wirkung der Dokumente.

- Die angebotenen Formulare sind den neuesten wissenschaftlichen Erkenntnissen anzupassen (siehe Anhang – aktuelle Fachliteratur).
- Es bestehen Kontakte bzw. Kooperationen zu Berufsbetreuern und Betreuungsvereinen. Sie unterstützen bei der Information und ggf. Beratung zu Vorsorgevollmachten und Patientenverfügungen (evtl. werden Sprechstunden in der Einrichtung angeboten zur allgemeinen Information von Bewohnern und Angehörigen).

Aussagen der Rahmenvereinbarung zum Erfassen des mutmaßlichen Willens:

- Insbesondere bei der Begleitung von Personen mit einem hohen Unterstützungsbedarf (z.B. bei starken kognitiven Einschränkungen) können Situationen auftreten, in denen weitere vertraute Personen den Bewohner im Sinne einer assistierten Autonomie (Shared Decision-Making) bei seinen Entscheidungen unterstützen. Dabei ist der natürliche bzw. mutmaßliche Wille des Bewohners, der sich z.B. verbal nicht (mehr) äußern kann, über Beobachtungen und Erfahrungen zu identifizieren. (§ 8 Abs. 7)
- Ist eine rechtliche Betreuung für den Aufgabenbereich der Gesundheitsfürsorge bestellt, wird der Bevollmächtigte vorab über den Gesprächsprozess informiert und in den Gesprächsprozess einbezogen. (§ 5 Abs. 2)
- Zur Ermittlung des natürlichen bzw. mutmaßlichen Willens können auch weitere nahestehende Personen einbezogen werden. Die Beratung setzt keine Geschäftsfähigkeit des Bewohners voraus. (§ 8 Abs. 7)

Aufgaben und Hinweise zur Umsetzung:

- Relevante Informationen über den mutmaßlichen Willen einer Person müssen kontinuierlich in die Alltagsdokumentation einfließen. Hierfür tragen alle Mitarbeiter Verantwortung.
- Interpretation und Deutung von Beobachtungen während der Pflege und Betreuung kann fortlaufend geschult werden.
- Die Aufgabenbereiche der rechtlichen Betreuung sind in der Pflegedokumentation genau hinterlegt.

Aussagen der Rahmenvereinbarung zur Organisation von Fallbesprechungen:

- Bestandteil des Beratungsgespräches ist die Klärung der Notwendigkeit einer Fallbesprechung. (§ 8 Abs. 8)
- Sofern aufgrund der Komplexität der medizinischen Fragestellungen eine persönliche Beteiligung der behandelnden Ärztin/des behandelnden Arztes (Hausarzt, SAPV-Arzt oder sonstiger Vertragsarzt) innerhalb des Gesprächsprozesses erforderlich ist, ist eine Fallbesprechung einzuleiten. (§ 8 Abs. 8)
- Im Rahmen von Fallbesprechungen soll auf der Grundlage der individuellen Bedürfnisse auf medizinisch-pflegerische Abläufe mit Blick auf die letzte Lebensphase und während des Sterbeprozesses eingegangen, mögliche gesundheitliche Krisen- und Notfallsituationen erörtert und gemeinsam geeignete Maßnahmen der palliativ-medizinischen, palliativ-pflegerischen und psychosozialen Versorgung dargestellt und vorbereitet werden.
- In die Fallbesprechung sind die Bewohner, der Berater und die behandelnden Ärzte (Hausarzt, SAPV-Arzt oder sonstige Vertragsärzte) einzubeziehen.
- Sofern eine gesetzliche Vertreterin/ein gesetzlicher Vertreter vorhanden ist oder eine rechtliche Betreuerin/ein rechtlicher Betreuer für den Aufgabenkreis der Gesundheitsfürsorge bestellt ist, ist diese/dieser in den Gesprächsprozess einzubeziehen.
- Auf Wunsch oder mit Zustimmung können auch Angehörige, ggf. Betreuer oder Bevollmächtigte oder andere Vertrauenspersonen beteiligt werden. (§ 8 Abs. 7)

Aufgaben und Hinweise zur Umsetzung:

- Die Zusammenarbeit mit Hausärzten und Notfalleinrichtungen sind zu intensivieren (Verantwortung der Leitung).
- Die Einrichtung fördert Kooperation und Interdisziplinarität.
- Wenn der Bewohner es wünscht oder in der zu planenden Gesundheitssituation die Fachkompetenz des Gesprächsbegleiters nicht ausreicht, sind weitere Fachpersonen sowie Zu- und Angehörige zu einer Fallbesprechung einzuladen. Die Organisation dieser Fallbesprechung übernimmt der Gesprächsbegleiter.
- Ggf. werden in der Einrichtung feste Zeitfenster für zu planende Fallbesprechungen reserviert (z. B. immer Mittwochnachmittags).
- Die Fallbesprechungen können sich an einer definierten Struktur orientieren.

Aussagen der Rahmenvereinbarung über eine barrierefreie Ausgestaltung des Angebots:

- Die gesundheitliche Versorgungsplanung muss den individuellen Bedarfen einer barrierefreien Kommunikation Rechnung tragen. (§ 6 Abs. 1)
- Vor einem Beratungsprozess sind behinderungsspezifische Bedarfe für eine barrierefreie Kommunikation individuell zu identifizieren. Insbesondere bei der Begleitung von Personen mit Schwerstmehrfachbehinderungen oder kognitiven Einschränkungen können Übersetzungsleistungen durch Vertrauenspersonen erforderlich sein. Bei Personen, die sich verbal nicht äußern können, ist ihr Wille über Beobachtungen und Erfahrungen zu ermitteln. (§ 6 Abs. 2)
- Barrierefreie Kommunikation umfasst den Einsatz von „leichter Sprache“, Gebärden, unterstützter Kommunikation, grafischen Symbolen oder anderen Hilfsmitteln (§ 6 Abs. 3) und eine barrierefreie Dokumentation. (§ 6 Abs. 4)

Aufgaben und Hinweise zur Umsetzung:

- Die Einrichtung stellt die entsprechenden Materialen und Kommunikationshilfsmittel zur Verfügung (hilfreiche Tipps siehe Anhang).

Aussagen der Rahmenvereinbarung über die situationsgerechte Durchführung der Gesprächsbegleitung:

- Der Gesprächsprozess findet situations- und bedarfsgerecht in einem oder in mehreren, aufeinander aufbauenden Beratungsgespräch(en) bzw. Terminen und ggf. einer oder mehreren Fallbesprechung(en) statt und kann multiprofessionell aufgestellt sein. (§ 8 Abs. 5)
- Die individuellen Vorstellungen und Behandlungswünsche können sich verändern. Die gesundheitliche Versorgungsplanung kann daher bei Bedarf, wenn eine Änderung der Lebens- und Versorgungssituation eintritt oder auf Wunsch des Bewohners, mehrfach in Anspruch genommen werden. (§ 8 Abs. 6)

Aufgaben und Hinweise zur Umsetzung:

- Die Anzahl der Gespräche wird mit dem Bewohner individuell abgesprochen.
- Geeignete Räumlichkeiten zur Gesprächsführung werden zur Verfügung gestellt.
- Bewohner müssen wissen, an wen sie sich wenden können, wenn Sie Änderungen oder weitere Gespräche in Anspruch nehmen möchten.
- Mitarbeiter in den Einrichtungen machen die Gesprächsbegleiter auf relevante Veränderungen bei den Bewohnern aufmerksam.

Aussagen der Rahmenvereinbarung zum Leistungsnachweis als Abschluss des Beratungsprozesses gegenüber der Krankenkasse:

- Die Einrichtung hat nach Abschluss der Gesprächsbegleitung den Vordruck (Leistungsnachweis Anlage 2) der Vereinbarung zu übermitteln. (§ 17 Abs. 6)
- Die Zahlung der monatlichen Pauschale nach § 15 Abs. 4 ist unabhängig von den zu übermittelnden Leistungsnachweisen. (§ 17 Abs. 6)

Aufgaben und Hinweise zur Umsetzung:

- Die Anforderungen sind zu erfüllen.
- Einrichtungsintern muss festgelegt werden, wer diese administrative Aufgabe bearbeitet und verantwortet.

Aussagen der Rahmenvereinbarung zur Dokumentation des Beratungsprozesses einschließlich der Willensäußerungen:

- Der Beratungsprozess einschließlich der Willensäußerungen ist zu dokumentieren. (§ 10)
- Die Dokumentation des Beratungsprozesses und der Willensäußerungen dient der Nachvollziehbarkeit.
- Bestandteile der Dokumentation sind:
  - Name, Vorname, Geburtsdatum der Leistungsberechtigten/des Leistungsberechtigten
  - Name der Beraterin/des Beraters
  - Datum des Gespräches/der Gespräche
  - Dauer des Gespräches/der Gespräche (Angabe 30/60/90/120 Minuten)
  - Namen von weiteren Beteiligten wie An- und Zugehörige, Bevollmächtigte, Ärzte
  - Bei Einbeziehung der Ärztin/des Arztes ist die Form der Beteiligung zu dokumentieren (§ 8 Abs. 8)
- Bei Fallbesprechungen sind die Themen des Gespräches festzuhalten.
- Der Verweis auf eine ggf. vorliegende Patientenverfügung, Betreuungsverfügung und/oder Vorsorgevollmacht sind zu dokumentieren.
- Die Notwendigkeit der mehrfachen Inanspruchnahme des Beratungsprozesses zur gesundheitlichen Versorgungsplanung für die letzte Lebensphase durch den Bewohner muss durch den Gesprächsbegleiter dokumentiert werden.

Aufgaben und Hinweise zur Umsetzung:

- Die Einrichtung wählt die Dokumente für den Gesprächsprozess sorgsam aus und legt diese als Standard in der Organisation fest.
- Die hausinternen Formulare müssen diesen Vorgaben entsprechen.

Aussagen der Rahmenvereinbarung zur Sicherung einer vertraulichen Dokumentation und einer abgestimmten Weitergabe von Informationen:

- Die Dokumentation des Beratungsprozesses ist vertraulich und daher ausschließlich dem Bewohner und ggf. Bevollmächtigten sowie dem Gesprächsbegleiter zugänglich.
- Sofern die dokumentierten Willensäußerungen an andere Leistungserbringer/ Einrichtungen übermittelt werden, bedarf dies einer vorherigen Zustimmung des Bewohners bzw. des Betreuers. (§ 9 Abs. 5)
- Die Zustimmung ist im Rahmen des Gesprächsprozesses so rechtzeitig einzuholen, dass diese Frage am Ende des Beratungsprozesses geklärt ist. Dies ist entsprechend zu dokumentieren. (§ 9 Abs. 5)
- Die Einrichtungen stellen die Dokumentation des Beratungsprozesses der Krankenkasse nicht zur Verfügung. (§ 9 Abs. 2)

Aufgaben und Hinweise zur Umsetzung:

- Die Einrichtung entscheidet über den regelhaften Aufbewahrungsort (z.B. Bewohnerdokumentation, im gesonderten Briefumschlag, elektronisch etc.). Die Dokumente sollen jedoch für die Mitarbeiter in einer möglichen Notfallsituation schnell zugänglich sein.
- Nach erfolgter Beratung und Dokumentation des Patientenwillens ist mit dem Bewohner zu klären, welche Informationen an Pflege-, Behandlungs- und Betreuungspersonen weitergegeben werden dürfen.
- Zur Sicherung des Bewohnerwillens ist die Weitergabe der Informationen notwendig. Dies geschieht mit Zustimmung und Aufklärung im Rahmen des Gesprächs. Damit wird die Selbstbestimmung gefördert und gestützt.
- Das Verfahren ist im Qualitätsmanagement festgelegt (Verfahrensanweisung).

Aussagen der Rahmenvereinbarung zur Dokumentation der Willensäußerungen:

- Die vom Bewohner geäußerten Vorstellungen und Wünsche über die Versorgung am Lebensende sind möglichst präzise zu dokumentieren. (§ 9ff)
- Die Willensäußerungen sind mit Angabe des Datums zu dokumentieren.
- Um in Krisen- und Notfallsituationen einen schnellen Überblick über die Behandlungsvorstellungen des Bewohners zu ermöglichen, soll die dokumentierte Willensäußerung übersichtlich, nachvollziehbar und verständlich dargestellt sein.
- Der Bewohner bestätigt die Richtigkeit der Dokumentation in der Regel mit seiner Unterschrift.
- Falls ein Bevollmächtigter bestellt bzw. eingesetzt wurde, erhält dieser die Dokumentation der Willensäußerungen zur Kenntnisnahme.

- Sofern der Bewohner nach dem Beratungsprozess keine schriftlichen Willensäußerungen treffen möchte, ist dies in der Dokumentation festzuhalten.
- Die schriftliche Dokumentation der Willensäußerungen wird dem Bewohner sowie dem Bevollmächtigten in Kopie ausgehändigt.

Aufgaben und Hinweise zur Umsetzung:

- Die benannten Kriterien sind in den Dokumenten vorgesehen und sind anzuwenden.
- Retrospektiv sollten Gesprächsbeleiter immer wieder die letzte Lebensphase von Bewohnern reflektieren, um aus der Erfahrung zu lernen, welche Behandlungsoptionen evtl. präziser hätten beschrieben werden können/sollen.

Aussagen der Rahmenvereinbarung zur Erstellung einer Patientenverfügung:

- Möchte der Bewohner eine Patientenverfügung nach § 1901a BGB verfassen, ist diese in einem separaten Dokument zu erstellen und von ihm selbst zu unterzeichnen. (§ 9 Abs. 3)
- Sofern bei dem Bewohner eine Bestätigung durch Unterschrift nicht möglich ist, kann die Bestätigung auch durch andere Formen der Zustimmung (z.B. Kürzel, Zeichen) erfolgen. (§ 9 Abs. 3)
- Das Verfassen einer Patientenverfügung setzt die Einwilligungsfähigkeit des Bewohners voraus. Bei begründeten Zweifeln der Beraterin/des Beraters an der Einwilligungsfähigkeit der Leistungsberechtigten/des Leistungsberechtigten sollte eine Klärung veranlasst werden. (§ 9 Abs. 3)
- Als Bestandteil der Patientenverfügung sollte eine übersichtliche, nachvollziehbare und verständliche Darstellung der Verfügung für Notfallsituationen auf einem geeigneten Dokument (z.B. Notfallbogen) erfolgen, das ärztlich zu unterschreiben ist. (§ 9 Abs. 3)

Aufgaben und Hinweise zur Umsetzung:

- Die Einrichtung kann verschiedene Formulare und Muster-Vordrucke für Patientenverfügungen vorhalten.
- Die Einrichtung nutzt idealerweise ein mit den regionalen Akteuren abgestimmtes Dokument zur Notfallplanung.

Aussagen der Rahmenvereinbarung, zur Reflektion von Entscheidungen:

- Wird eine Patientenverfügung erstellt, ist darauf zu achten, dass Beratung und Unterschrift nicht an einem Termin erfolgen. Der Bewohner soll die Möglichkeit erhalten, die eigenen Bestimmungen zu hinterfragen und zu überdenken. (§ 8 Abs. 9)

Aufgaben und Hinweise zur Umsetzung:

- Der Gesprächsbegleiter steuert den zeitlichen Prozess in Absprache mit dem Bewohner.

Aussagen der Rahmenvereinbarung zur Beachtung und Sicherstellung der Willensäußerung:

- Die Einrichtung stellt sicher, dass die Ergebnisse der gesundheitlichen Versorgungsplanung (Willensäußerungen der Bewohner) beachtet und eingehalten werden. (§ 10 Abs. 1)
- Bei Änderungswünschen von bereits festgelegten Beratungsergebnissen ist unverzüglich der zuständige Gesprächsbegleiter einzubinden. (§ 10 Abs. 1)
- Die Dokumentation des verfügten Willens muss ständig verfügbar sein (§ 10 Abs. 2). Bei Verlegung des Bewohners z.B. in ein Krankenhaus oder eine andere Einrichtung sind die entsprechenden Unterlagen unter Beachtung datenschutzrechtlicher Bestimmungen gemäß § 9 Abs. 5 in Kopie mitzugeben.
- Die an der Versorgung Beteiligten, z.B. Ärzte, Rettungsdienste, spezialisierte ambulante Palliativversorgungs- (SAPV)-Teams und Kliniken sind über das Angebot der GVP sowie den Einsatz von verwendeten Notfalldokumenten vorab zu informieren.
- Die Einrichtung hat darauf hinzuwirken, dass die regionalen Versorgungs- und Betreuungsanbieter die Ergebnisse der gesundheitlichen Versorgungsplanung beachten. (§ 11 Abs. 2)
- Die Gesprächsbegleiter in der Region führen regelmäßige Treffen (z.B. Runde Tische) mit den regionalen Leistungserbringern durch und beteiligen sich an Treffen vorhandener regionaler Netzwerke (z.B. Palliativnetzwerke, Hospiznetzwerke, kommunale Netzwerke). (§ 11, Abs. 3)

Aufgaben und Hinweise zur Umsetzung:

- Die Einhaltung der Ergebnisse der Gesprächsbegleitungen wird regelhaft überprüft. Dafür ist im Qualitätsmanagement ein Verfahren definiert.
- In den regionalen Netzwerken sind Abstimmungen auf gemeinsame Verfahren und Dokumente sinnvoll und erforderlich.
- Die Einrichtung beschreibt in ihrem Konzept die internen und externen Netzwerke (siehe Anhang).

Aussagen der Rahmenvereinbarung über die Qualifizierung der Gesprächsbegleitung:

- Der Gesprächsbegleiter verfügt insbesondere über medizinisch-pflegerische und palliative Kenntnisse sowie Wissen im Sozial- und Betreuungsrecht und kennt sich in psychischen, sozialen, ethischen und kulturellen Aspekten im Kontext von Alter und Sterben aus. Die Grundqualifikationen und eine entsprechende einschlägige Berufserfahrung sind definiert (siehe Anhang § 12).
- Der Gesprächsbegleiter zeichnet sich mit personalen Kompetenzen wie Gesprächsführungskompetenz und einer Beratungshaltung aus (kooperativ, kommunikativ, selbstreflektierend, verantwortungsbewusst, respektvoll, empathisch).
- Voraussetzung für die Gesprächsbegleitung zur gesundheitlichen Versorgungsplanung für die letzte Lebensphase ist eine entsprechende Weiterbildung.
- Die Anforderungen an eine gesprächsqualifizierende Weiterbildung gem. § 132g Abs. 3 SGB V sind definiert. (§ 12 Abs. 6)
- Im Theorieteil der Weiterbildung sind die Lernfelder genau definiert.
- Die Weiterbildung beinhaltet konkrete Beratungsprozesse mit anschließender Reflexion.
- Zur Weiterbildung gehört ein fest definierter Anteil von Praxiserfahrung innerhalb eines Jahres (Coaching-Gespräche, Plenararbeit, Organisation des Austausches zwischen Weiterbildungsteilnehmern).
- Nur mit einem vorgelegten Zertifikat gilt die Weiterbildung als abgeschlossen.

Aufgaben und Hinweise zur Umsetzung:

- Der Träger wählt den für ihn geeigneten Weiterbildungsträger aus.
- Das Anforderungsprofil des Gesprächsbegleiters ist einrichtungsintern bekannt.

Aussagen der Rahmenvereinbarung zur Qualität und Qualitätssicherung:

- Strukturqualität: Ausschließlich qualifizierte Beraterinnen und Berater (Grundqualifikation, Berufserfahrung, Weiterbildung) können die Gespräche zur gesundheitlichen Versorgungsplanung durchfürt werden. (§ 12)
- Prozessqualität: Die Gesprächsbegleitung ist in die Gesamtstruktur der Einrichtung einzubinden. Zu beachten sind insbesondere die Angaben zum Inhalt der Leistung, zur Durchführung des Beratungsprozesses, zur Dokumentation und zur internen und externen Vernetzung. (Präambel)
- Ergebnisqualität: Sie zeigt sich in der Dokumentation der von dem Bewohner geäußerten Wünsche und Vorstellungen für die Versorgung und Betreuung in der letzten Lebensphase sowie in der Dokumentation des Beratungsprozesses.

- Der Träger der Einrichtung ist im Rahmen seines einrichtungsindividuellen Qualitätsmanagements dafür verantwortlich, dass die Inhalte dieser Vereinbarung und deren Umsetzung eingehalten werden. (§ 13 Abs. 5)

Aufgaben und Hinweise zur Umsetzung:

- GVP ist als Teil der Palliative Care und als ein Aspekt der Leistungsbeschreibung im Rahmen eines Leitbildes hausindividuell zu beschreiben.
- Maßnahmen der Qualitätssicherung und der Qualitätsentwicklung sind im einrichtungsindividuellen Qualitätsmanagement zu definieren.
- Das Vorhandensein eines dokumentierten Gesprächsprozesses allein garantiert noch keine Berücksichtigung der Willensäußerung. In diesem Sinne muss Qualitätssicherung betrieben werden.
- Einrichtungen haben die Möglichkeiten, sich an Evaluations- oder Forschungsprojekten zu beteiligen, um mehr Zugänge zu einer qualitativ hochwertigen Leistungserbringung zu bekommen.

1.7 Vergütungsstruktur und Prozessschritte in der Einrichtung

Die Finanzierung ist im Sozialgesetzbuch (SGB) Fünftes Buch (V), Gesetzliche Krankenversicherung, geregelt. Die Krankenkasse der/des Versicherten trägt die anfallenden Kosten der Einrichtung für die Leistung der gesundheitlichen Versorgungsplanung für die letzte Lebensphase. Gemäß § 132g Abs. 4 SGB V sind die im Zusammenhang mit der Beratung entstehenden Personalkosten sowie die Sach-, Overhead- und Regiekosten der Einrichtung nach den Grundsätzen der Wirtschaftlichkeit abrechnungsfähig.

Die Kalkulation erfolgt in Pflegeeinrichtungen unter der Annahme, dass pro 50 Versicherte in der Einrichtung ein Anteil von 1/8 Stelle für die Leistungserbringung nach dieser Vereinbarung erforderlich ist. Diese Relation ist unabhängig davon, ob die Einrichtung die gesundheitliche Versorgungsplanung in eigener Verantwortung oder in Kooperation durchführt. Dabei wird für Sach-, Overhead- und Regiekosten ein Anteil von 15 % der Personalkosten pauschal berücksichtigt.

Die Höhe der abrechnungsfähigen Kosten pro Leistungsberechtigten ergibt sich sowohl durch die Division der notwendigen Bruttopersonalkosten (Arbeitgeberbrutto) zuzüglich Sach-, Overhead- und Regiekosten jährlich für eine Vollzeitkraft dividiert durch 400 (da 1/8 Stellenanteil für 50 Bewohner bzw. 1,0 Stellenanteil für 400 Bewohner). Somit gilt folgende Berechnung zur Ermittlung der monatlichen Pauschale pro Leistungsberechtigten:

Kalkulationsbeispiel

Rechnungsformel

Bruttopersonalkosten (Arbeitgeberbrutto) plus Sach-, Overhead- und Regiekosten

p.a. für 1 VK / 400 = Jahresbetrag pro Leistungsberechtigten / 12 = **Monatsbetrag pro Leistungsberechtigten**

75.000 Euro Bruttopersonalkosten + 11.250 Euro Pauschalkosten = 86.250 Euro pro Jahr

86.250 Euro / 400 = 215,63 Euro Jahresbetrag pro Leistungsberechtigten

215,63 Euro / 12 = **17,97 Euro** Monatsbeitrag pro Leistungsberechtigten

Leistungen der Gesprächsbegleitung werden derzeit ausschließlich für die gesetzlich Versicherten getragen. Auch Gäste der Kurzzeitpflege sind davon ausgenommen. Die Qualifizierungskosten werden aktuell nicht refinanziert und ausschließlich vom Träger getragen. Die Kostenerstattung ist derzeit pauschal für eine Übergangszeit bis Ende 2021 geregelt. In mehreren Bundesländern sind dafür Muster-Vergütungsvereinbarung geschaffen worden. Jeder Träger muss auf dieser Grundlage mit den Krankenkassen eine individuelle Vergütungsvereinbarung verhandeln und abschließen. In einigen Bundesländern sind einheitliche Pauschalen verhandelt worden.

Aspekte der Kalkulation:

- Wie viel gesetzlich Krankenversicherte gibt es durchschnittlich in der Einrichtung?
- Wie viel Vollkräfte sind anhand der Kostenplanung 1:400 vorzuhalten?
- Wie sind die individuelle (personenbezogene) Vergütungsstruktur und die für den Zeitraum geplante Tarifsteigerungen (Grundsatz der Prospektivität).
- Auf dieser Basis werden die Bruttopersonalkosten (prospektives Arbeitgeberbrutto) plus 15 % pauschal für Sach-/Overhead-/Regiekosten für den konkreten Gesprächsbegleiter ermittelt.
- Bei mehreren Gesprächsbegleitern, die ggf. auch in mehreren Einrichtungen eingesetzt sind, werden die Kosten entsprechend aufgeschlüsselt und die unterschiedlichen Bruttokosten entsprechend mit eingerechnet.

Damit entsteht eine individuelle Kostenstruktur pro Gesprächsbegleiter und Einrichtung bzw. Träger. Diese ermittelten Kosten pro Jahr und Leistungsberechtigtem werden durch 12 geteilt. Dies ergibt die Bewohnerpauschale pro Leistungsberechtigtem, die mit der jeweiligen Krankenkasse monatlich abgerechnet wird (unabhängig von erfolgter Gesprächsbegleitung).

Prozessschritte und zeitlicher Ablauf

Von der Entscheidung zur Implementierung des Gesprächsangebotes bis zur Umsetzung sind die notwendigen Zeitabläufe zu beachten. Folgende Schritte sind relevant:

- ✓ Die Einrichtung entscheidet sich, GVP gemäß § 132g SGB V einzuführen.
- ✓ Die Einrichtung hat geeignete Mitarbeitende ausgewählt und eine Qualifizierungsmaßnahme gefunden.
- ✓ Die Einrichtung erstellt (mit einer Arbeitsgruppe/Projektgruppe) ein Konzept. Basis bzw. Bezugsrahmen ist das vorhandene/umgesetzte Palliative Care-Konzept der Einrichtung.
- ✓ Es folgt die Antragstellung und Erklärung zur Erfüllung der Anforderungen nach § 14 der Vereinbarung nach § 132g Abs. 3 SGB V vom 13.12.2017 (Anlage 1 der Vereinbarung).
- ✓ Der Abschluss der Weiterbildung Teil 1 ist Voraussetzung für die Abrechnung mit den Krankenkassen. Das heißt der Beginn der Vertragslaufzeit kann nicht vorher liegen.
- ✓ Die Aufforderung zum Abschluss einer Vergütungsvereinbarung nach § 132g SGB V (Antragstellung zur Vorhaltung des Beratungsangebots nach § 132g SGB V) erfolgt gegenüber der federführenden Krankenkasse oder dem federführenden Landesverband der Krankenkassen (identisch mit der Federführung bei den Pflegekassen).
- ✓ Mit der Aufforderung muss das hausindividuelle Konzept und die ausgefüllte Anlage 1 mit den erforderlichen Dokumenten mitgesandt werden.
- ✓ Die Kalkulation der Bewohnerpauschale wird auf Basis des § 15 der Vereinbarung nach § 132g Abs. 3 SGB V errechnet (siehe oben).
- ✓ Nach Abschluss der Vergütungsvereinbarung erfolgt eine monatliche Abrechnung für alle gesetzlich Versicherten mit ihrer Krankenkasse.
- ✓ Teil 2 der Weiterbildung muss spätestens 12 Monate nach Abschluss des Teil 1 abgeschlossen sein.

1.8 Abschließende Anmerkungen und aktuelle Diskussionspunkte

Die Einführung der gesundheitlichen Versorgungsplanung steht in Deutschland ihren Anfängen. Aktuell findet in Fachgruppen ein reger Diskurs über die Zielsetzung, die Durchführung und die Art und Weise der Dokumentation statt. Leider gibt es in Deutschland derzeit erst wenige wissenschaftliche Erkenntnisse, um eindeutigere Antworten auf viele kontrovers diskutierte Fragen geben zu können. Dies wird erst in den nächsten Jahren erfolgen und die Ergebnisse müssen dann in die Ausgestaltung des Angebots einfließen.

Einige Anmerkungen und Diskussionspunkte aus der aktuellen Debatte werden im Folgenden vorgestellt und besprochen. Wir haben versucht, unseren Standpunkt zu formulieren und leisten somit einen Beitrag zur aktuellen Debatte.

Unzumutbares zumuten und Widersprüche aushalten

Eine vorausschauende Planung zum Lebensende drückt eine selbstbestimmte Entscheidung aus. Der Bewohner dokumentiert seinen Willen wie in einer vertraglichen Beziehung, die er für sich selbst eingeht. Begleiten, berührt werden, gehalten werden und die eigenen Äußerungen auf Unstimmigkeiten hinterfragen sind dabei notwendige dialogische Prozesse eines begleitenden und verstehenden Gespräches. Eine Versorgungsplanung kann daher von Bewohnern widersprüchlich erlebt werden. Dieses Erleben ist Bestandteil und Qualität der Gesprächsbegleitung und sollte nicht vorschnell aufgelöst werden.

Sterben planen – das Unplanbare planen

Ist die letzte Lebensphase zu planen ähnlich wie ein Projekt? Gesundheitliche Krisensituationen und grundlegende Veränderungen in der Lebensführung lassen sich nicht vollständig vorwegnehmen. Präferenzen können sich ändern und Vorstellungen von Krankheit, Lebensbejahung und dem für mich noch Erträglichen oder Unerträglichen können sich wandeln.

Informationssammlung versus empathische Gesprächsführung

Die Gespräche zur Versorgungsplanung beinhalten auch das Sammeln von Informationen. Sie sind meist einbettet in Geschichten über das Leben. Diese Informationen müssen individuell im biografischen Kontext betrachtet werden und dürfen nicht auf eine funktionale Informationssammlung reduziert werden.

Fragliche informierte Vorausverfügungen

Die Gesprächsbegleitung zur gesundheitlichen Versorgungsplanung zielt auf eine informierte und selbstbestimmte Person. Tagesformen, situative kognitive Einschränkungen und unterschiedliche Formen von Demenz lassen nicht immer eine eindeutige Bestimmung der Orientierung und Informationsverarbeitung zu. Hier muss im Gespräch sehr achtsam agiert werden.

Verzicht als fragliche kulturelle Errungenschaft

Weniger Therapie und weniger Versorgung für Menschen im Alter kann ein wichtiger Beitrag für ein würdevolles Lebensende sein. Verzicht auf Therapie an sich ist jedoch kein Wert und die indizierten Therapieoptionen müssen jedem Menschen zur Verfügung stehen. Genauso wie jemand auf weiterführende Therapien verzichtet, hat eine Person das Recht, jedwede indizierte Therapie/Versorgung einzufordern.

Ethische Haltung der Gesprächsbegleiter

Organisationen tun gut daran, die Inhalte der Gespräche zu analysieren und zu evaluieren. Weder der Therapieverzicht noch die Übermedikalisierung und Übertherapeutisierung, die an sich bereits eine Bewertung darstellen können, dürfen sich nicht einseitig abbilden. Entscheidungen sollen aus einer dem Leben zugewandten Haltung heraus getroffen werden können (Heinemann et al. 2017, S. 21).

Ansatz zur Lösung von Autonomiekonflikten oder Verlust von Verantwortung und Fürsorge

Neitzke (Neitzke 2015, S. 152 ff) beschreibt These und Antithese im Sinne der Positionen und möglichen Folgen der gesundheitlichen Versorgungsplanung. Zum einen scheint GVP der perfekte Ansatz zur Lösung aller Autonomiekonflikte im Gesundheitswesen zu sein und zum anderen besteht die These, dass GVP verhindert werden muss, da sie zum Verlust professioneller und gesellschaftlicher Verantwortung und Fürsorge führt. Neitzke benennt als Synthese die Bedingungen eines verantwortlichen Umgangs mit dem Instrumentarium der GVP.

Spurensuche: Selbstbestimmung *und* das Recht auf Fürsorge

Autonomie und Selbstbestimmung als gesellschaftliche Leitorientierung am Lebensende verhüllt möglicherweise mehr als sie erklärt. Nicht allein die Selbstbestimmung und Autonomie am Lebensende darf das ausschlaggebende und kulturprägende Sterbeideal sein. Das Verwiesensein auf ein Gegenüber ist konstitutives Element des Menschseins und benötigt Bewahrer. Selbstbestimmung und Fürsorge sind sich ergänzende Handlungsansätze.

Kontrolle behalten als Überforderung

Der Entscheidungsfindungsprozess zwischen dem Patienten, Angehörigen, den Behandelnden und seinen Vertretern soll auf der Basis von Prognose und Präferenzen des Patienten aktiv unterstützt werden. Dadurch soll sichergestellt werden, dass der Betroffene die Kontrolle über die an ihm durchgeführten Behandlungen behält. Die hier favorisierte Kontrolle kann im Widerspruch zu dem Erleben sein, den Entscheidungen nicht mehr gewachsen zu sein und die Verantwortung dazu gerne abgeben zu wollen – bzw. dem Geschehen am Lebensende seinen nicht vorhersehbaren Verlauf zu lassen.

Lebensqualität ist nicht statisch

Die Frage nach der aktuell erlebten Lebensqualität korreliert immer auch mit der Tagesverfassung. Unterschiedliche Einflüsse wie z. B. psychische Verstimmungen, schlechter Schlaf, Störungen im Tagesablauf, Heimeinzug, Verlust des Ehepartners, Wechsel von Medikamenten, Schmerzen etc. wirken auf die erlebbare Lebensqualität ein. Wenn Personen sich zu ihrer aktuellen Lebensqualität äußern, schildern sie ihre Wahrnehmungen. Dabei senden sie dazu oft indirekte Botschaften, die einer Übersetzung im jeweiligen Kontext bedürfen.

Überforderung durch Beratungsgespräche

Gesprächsbegleitungen werden Bewohnern regelmäßig angeboten (beim Heimeinzug, nach persönlichen oder gesundheitlichen Krisen, als Folgegespräche, Auffrischungsgespräche in regelmäßigen Abstanden zur Vergewisserung). Ziel ist, dass sowohl die Gesprächsbegleiter, aber auch alle anderen Mitarbeiter in einer Einrichtung bei den Bewohnern die Auseinandersetzung mit der eigenen Lebensqualität im Hinblick auf das Lebensende anregen. Möglicherweise stellt diese permanente Einbindung, Ansprache und/oder Ablehnung eine Belastung/Überforderung dar, die bislang noch nicht thematisiert ist.

Besprechung von Behandlungsbegrenzungen als persönliche Zumutung

In den Gesprächen sollen Lebens- und Sterbenssituationen und damit auch Terminalsituationen besprochen werden. Dies können sehr belastende Gespräche sein, die einer sensiblen und behutsamen Begleitung bedürfen.

Therapieverzicht als gesellschaftliche Erwartung

Das belastete Gesundheits- und Pflegesystem und die finanziellen Belastungen einer Familie bei langjähriger Pflegebedürftigkeit könnten eher zu Vorausverfügungen mit Behandlungsbegrenzungen führen (Feyerabend 2016, S. 5). Metaphern wie „bloß nicht zur Last fallen" weisen auf sozialen Druck und mögliche vorauseilende Entscheidungen hin.

Beurteilung der aktuellen Situation

Vorausverfügungen sollen von der Erstellung (Betroffene, Vertreter) bis zur Versorgung (Pflege, Hausärztin, Notärztin, Rettungsdienst, Klinikpersonal) Planbarkeit, eine konsequente Umsetzung des Bewohnerwillens und einen lückenlosen Ablauf ermöglichen. Damit sollen auch Ressourcen im Helfersystem „geschont“ werden (z.B. durch weniger Noteinsätze, Verkürzung der Versorgungszeit usw.). Die Beurteilung der aktuellen Situation ist von der Vorausverfügung bestimmt. Ggf. verlangt jedoch die aktuelle Situation eine gänzlich neue Beurteilung. Aktuelles Beispiel ist eine notwendige Beatmung bei einer Infektion mit Covid-19, da diese nicht zwangsweise zum Tode führen muss.

Regionale Vernetzung

Zur Umsetzung der Versorgungsplanung werden Empfehlungen zur flächendeckenden Implementierung konzipiert. Dazu sind Akteure vor Ort gefragt, die alle beteiligten Versorgungsstrukturen gewinnen und einbinden können. Dies löst einen hohen Aufwand der Koordination und Abstimmung und eine Einigung auf die zu verwendenden Dokumente aus. Diese Leistung wird aktuell nicht refinanziert.

Palliative Care – Palliative Geriatrie – Advance Care Planning – Sorgedialoge

Advance Care Planning bzw. GVP ist als Konzept sprachlich in Bestehendes einzuordnen. Es meint weit mehr als Palliativmedizin und beginnt bereits viel früher. ACP bietet z.B. Überschneidungsfelder zu Palliative Care und hospizlichen Versorgungskonzepten. „Insofern ist es zwar kein Fehler, dass die Finanzierung von ACP-Programmen für Einrichtungen der Seniorenpflege vom Gesetzgeber aus gegebenem Anlass in ein Gesetz zur Hospiz- und Palliativversorgung integriert werden soll, doch darf hieraus keineswegs das Missverhältnis folgen, dass ACP der Palliativmedizin zuzuordnen oder gar darauf zu beschränken ist“ (Coors et al. 2015, S. 359). Daher ist es politisch bedeutsam, dass in den nächsten Schritten ACP auch in anderen Settings wie Betreutes Wohnen, ambulante häusliche Pflege, Krankenhäuser und Rehabilitationskliniken Eingang finden.

2 Veränderungen begründen und einleiten

2.1 Ausgewählte Forschungsergebnisse zu Palliative Care in Altenpflegeheimen

In diesem Abschnitt werden ausgewählte Projekte und Studien[1] dargestellt, die sich mit der Palliativversorgung und der Implementierung einer Palliative Care Kultur befassen. Sie sollen den Fokus auf die gelingenden Faktoren lenken. Die Einführung der GVP kann nicht losgelöst von einem Palliative Care Konzept betrachtet werden. GVP ist für uns ein konstitutives Element der Palliative Care Kultur.

Eine geriatrische Palliativversorgung[2] in den Altenpflegeheimen ist allein deshalb bedeutsam, weil die Hälfte der Bewohner 85 Jahre und älter sind. Der Anteil der Pflegebedürftigen des Pflegegrades 5 (höchster Pflegegrad) betrug laut Pflegestatistik in 2017 im Heim 16 % – im Vergleich zu den zu Hause Versorgten mit 4 % im höchsten Pflegegrad (Statistisches Bundesamt 2018, S. 9).

Eine allgemeine Bestandsaufnahme der Hospizkultur und Palliativkompetenz in deutschen Pflegeheimen hatte die „Gießener Studie zu den Sterbebedingungen in der stationären Pflege“ von George zum Ziel. Die aus den Ergebnissen abgeleiteten Handlungsempfehlungen von George lauten wie folgt (George 2014, S. 251 ff):

- Verbesserung der personellen Ausstattung, sowohl bezogen auf die Anzahl an Mitarbeitern als auch auf deren Qualifikation,
- Ausbau der Kooperationen und des Einsatzes von Ehrenamtlichen,

1 Die Studien und Projekte weisen eine unterschiedliche wissenschaftliche Güte auf und verweisen damit auf den weiterer Forschungsbedarf. Die Ergebnisse dienen dennoch der Orientierung für eine „Best practice“.

2 Die Begriffe und Konzepte Hospizkultur, Palliative Care bzw. Palliative Care Kultur werden im Text synonym verwendet. Bei dem Konzept der Palliativen Geriatrie handelt es sich um ein eigenständiges Teilgebiet der Palliative Care mit besonderem Fokus auf die Bedürfnisse alter Menschen.

- Ausbau und Verbesserung der Aus-, Fort- und Weiterbildung (Praxisnähe),
- stärkere Einbindung von Angehörigen,
- Qualitative und standardisierte Pflege- und Versorgungsprozesse zur Verbesserung der Handlungssicherheit der Pflegenden.

Die Studie von Beckers hat sich mit den strukturellen und organisationalen Voraussetzungen für hospizlich-palliative Versorgung und Begleitung in Pflegeheimen beschäftigt. Für eine nachhaltige Implementation von Hospizkultur und Palliativkompetenz stehen die folgenden zwölf Punkte (Beckers 2006, S. 26 ff).

- Strukturen (z.B. Einrichtung von Arbeitskreisen, Qualitätszirkeln, Einsetzen eines Hospizbeauftragen oder Koordinators),
- Partizipation der Mitarbeiter in die organisationalen Veränderungen,
- Manifestationen des Wandels im Leitbild und in Standards,
- Aus-, Weiter- und Fortbildung (kulturellen und professionellen Wissens),
- Einsatz von Ehrenamtlichen,
- Rituale (Verabschiedungs- und Erinnerungsrituale),
- Spiritualität – Berücksichtigung von spirituellen Bedürfnissen der Mitarbeiter,
- Zusammenarbeit mit Ärzten,
- Dokumentation (transparent; zugänglich),
- ethische Fallbesprechungen bzw. Ethikberatung als Entscheidungsinstrument,
- Kooperation und Vernetzung,
- Evaluation, Qualitätskontrolle und Selbstreflexion.

Heimerl et al. haben in ihren Projekten den Fokus auf die nachhaltige Hospiz- und Palliativkultur im Pflegeheim und im Alter gelegt und dabei auch auf eine kommunale Orientierung geblickt. Ihre Erkenntnisse aus den Projekten zeigen auf, dass die Nachhaltigkeit von Maßnahmen der Palliative Care-Projekte auch auf gesellschaftspolitische Bezüge verweist. Diese haben Einflüsse auf die Rahmenbedingungen in einem Altenpflegeheim und bestimmen Strukturen und Arbeitsbedingungen. In der Analyse ihrer langjährigen Erfahrung fassen die Autoren folgende Aspekte für eine gelingenden Umsetzung von Palliative Care zusammen (Heimerl et al. 2015, S. 115):

- Es gilt zu Beginn zu würdigen, was in der Einrichtung bereits in der Begleitung schwer kranker und sterbender Menschen geleistet wird.
- Eine besondere Bedeutung für die Implementierung hat die Einrichtungsleitung inne.
- Palliative-Care-Prozesse sollen interdisziplinär, multiperspektivisch und hierarchieübergreifend angelegt sein.
- Die Projektsteuerungsgruppe bildet die Komplexität der Einrichtung und ihrer Umwelten ab.

Aus dem Projekt von Heimerl et al. sind mit den sog. Aachener Thesen Handlungsempfehlungen für nachhaltige Hospiz- und Palliativkultur abgeleitet worden. Sie gliedern sich in sozialpolitische und fachpolitische Thesen für die Träger und Leitungsverantwortlichen der Pflegeeinrichtungen.

„Sozial-politische Thesen:

1. Der Ansatz der palliativen Pflege tritt im Leistungsrecht sowie in den zugehörigen Verträgen und Vereinbarungen gleichwertig neben die aktivierende Pflege.
2. Der Aufwand für die Entwicklung der Hospizkultur und Palliativversorgung in Pflegeeinrichtungen wird zusätzlich finanziert. Dieser umfasst: die dazu notwendige Personalentwicklung, die Erarbeitung der Notfallpläne und palliativen Netzwerkkarten, die Einführung und Sicherstellung der palliativethischen Fallbesprechungen, die Mitwirkung in hospizlichen Netzwerken, die Entwicklung und Sicherung der Kooperationen mit anderen Akteuren der Hospiz- und Palliativversorgung.
3. Die hospizliche Begleitung und die palliative Versorgung der pflegebedürftigen Bewohner werden durch eine angemessene personelle Ausstattung gewährleistet. Diese bedeutet im Besonderen: Für die nächtliche Begleitung sterbender Bewohner stehen ebenso wie an den Wochenenden zusätzliche hospizliche Ehrenamtliche zur Verfügung ohne Anrechnung auf den Personalschlüssel, ähnlich wie die zusätzlichen Betreuungskräfte gemäß § 87b Pflegeversicherungsgesetz (mittlerweile § 43b SGB XI; Anm. d. Verf.). Die Pflegekassen und die Sozialhilfeträger gewährleisten eine Personalausstattung, die es ermöglicht, ressourcenaufwendige Kooperationen mit spezialisierten Leistungserbringern, ambulanten Hospizdiensten und Palliativmedizinern gemäß dem gesetzlichen Anspruch zu praktizieren.
4. Eine allgemeine palliative pflegerische Versorgung kann aufgrund einer ärztlichen Verordnung in Pflegeeinrichtungen über das Krankenversicherungsgesetz erbracht werden.
5. Die Begleitung und Beratung der Angehörigen wird Bestandteil des Leistungsrechtes.
6. Die Pflegeeinrichtungen erhalten Anreize, um die Etablierung der Hospizkultur in ihrem Sozialraum zu unterstützen.

Fachpolitische Thesen für die Träger und Leitungsverantwortlichen der Pflegeeinrichtungen:

Die von den Kostenträgern zur Verfügung gestellten Ressourcen für die Förderung der Hospiz- und Palliativkultur werden von den Trägern und Leitungsverantwortlichen insbesondere in folgender Weise eingesetzt:

1. Träger und Leitungsverantwortliche garantieren eine kontinuierliche Personalentwicklung und förderliche Rahmenbedingungen für eine nachhaltige hospizliche Haltung aller Mitarbeiter und die palliative Kompetenz in der Einrichtung.
2. Die Achtsamkeit sowie die Sensibilität als Grundlage für die hospizliche Begleitung der Sterbenden und ihrer Angehörigen werden von den Trägern und den Leitungsverantwortlichen durch zeitliche Ressourcen für die Mitarbeiter unterstützt. Die hospizliche Versorgung darf nicht in Konkurrenz mit anderen Aufgaben um die zur Verfügung stehende Zeit geraten.
3. Hospizkultur wird durch angemessene Rituale sichtbar. Über Sterben, Tod und Trauer wird in der Pflegeeinrichtung angstfrei und offen kommuniziert.
4. Mitarbeiterinnen und Mitarbeiter erhalten zur Bewältigung der mit der Begleitung verbundenen Grenzerfahrungen regelmäßige und an ihre Bedürfnisse angepasste Unterstützungsangebote.
5. Träger und Leitungsverantwortliche präsentieren ihre Einrichtung als Ressource für die Hospizkultur im Sozialraum und schaffen Räume für Begegnungen" (Caritasverband Aachen 2015, S. 18 ff).

Das vom Bundesministerium für Gesundheit finanzierte zweijährige bundesweite Forschungsprojekt „Sterben zuhause" im Heim – Hospizkultur und Palliativkompetenz in der stationären Langzeitpflege hatte zum Ziel, Erkenntnisse über den aktuellen Entwicklungsstand der Implementation von Hospizkultur und Palliativkompetenz in Pflegeheimen zu gewinnen. Neben den Befunden zur Situation in den Einrichtungen wurden vor diesem Hintergrund Empfehlungen für die Verbesserung der Versorgungspraxis Sterbender im Pflegeheim entwickelt. Diese sind in die Handlungsempfehlungen für die Bereiche Praxis in den Altenpflegeheimen, Träger/Verbände und Politik gegliedert. Im Speziellen werden förderliche und hemmende Faktoren dargestellt und Aussagen gemacht zu:

- Konzeptionelle/Grundlagen-Arbeit zur Implementierung,
- Konzeptionelle und organisationale Anpassung an die Anforderungen der Heimlandschaft,
- Profilierung der Institution Heim und Aufwertung des Pflegeberufs,
- Qualifizierung,
- Pflegepraxis im Heim,
- Kooperationen im Heim,
- Vernetzungen/Netzwerkarbeit/Kooperationen mit externen Akteuren,
- Zusammenarbeit mit (Haus-)Ärzten im Heim,
- Ressourcen,
- Grundsätzliche Empfehlungen (Bundesgesundheitsministerium 2017).

Mit dem Ziel, die Wirksamkeit von Palliativversorgung zu erfassen, haben Heupel-Rueter und Zieschang aktuelle Studien zu den Interventionen zur Verbesserung der Palliativversorgung älterer Menschen, die in Pflegeeinrichtungen leben, analysiert (Heupel-Rueter, Zieschang 2019, S.758 ff). Studien zur Frage der Interventionen zur Verbesserung der Palliativversorgung älterer Menschen in Pflegeeinrichtungen fanden meist in den USA statt. Die Ergebnisse können daher nur auf die Potenziale in Deutschland hinweisen und zeigen auf, dass mehr Forschung benötigt wird. Erkennbar wurde, dass die Interventionen in den Studien dazu führten, dass Überweisungsraten an Hospizdienste zunahmen, Krankenhauseinweisungen verringert und Advanced Care Planning besser integriert werden. Im Hinblick auf eine strukturierte Palliativversorgung ergab der Review, dass Pflegeheime durchaus ein Potenzial haben, ihre Versorgungsprozesse zu verbessern. Mangels weiteren Indikatoren wurde das Defizit bei der strukturierten Palliativversorgung an der in Deutschland höheren Anzahl der Sterbefälle im Krankenhaus bemessen.

Die Autoren fordern, dass die sich überlappenden Fragestellungen von Geriatrie und Palliativmedizin berücksichtigt und die Themen in den jeweiligen Leitlinien überarbeitet werden. Darüber hinaus fordern Sie die Berücksichtigung von neuen Themen und Schwerpunktsetzungen in der medizinischen Betreuung und insbesondere den Einbezug der Angehörigen in die Kommunikation und partizipative Entscheidungsfindung zu Therapie oder Therapiebeendigung und zur Erfassung des mutmaßlichen Willens kognitiv und sprachlich stark eingeschränkter Patienten.

Damit die geriatrische Palliativversorgung in Pflegeheimen gelingen kann, verweisen die Autoren auf
- die Notwendigkeit der interprofessionellen Zusammenarbeit,
- den Blick auf die Lebensqualität des Bewohners
- und die höchste Beachtung der Würde.

Die Bundesarbeitsgemeinschaft Hospiz zur Förderung von ambulanten, teilstationären und stationären Hospizen und Palliativmedizin e.V. hat für die Hospizkultur im Alten- und Pflegeheim Indikatoren und Empfehlungen zur Palliativkompetenz aufgestellt (Bundesarbeitsgemeinschaft Hospiz, 2005). Nach diesem Grundsatzpapier bedeutet Palliative Care:
- „Ganzheitliches Begleiten von Sterbenden und ihren Angehörigen, um ein Leben in Würde bis zuletzt zu ermöglichen,
- Erkennen und lindern der körperlichen, psychischen, sozialen und spirituellen Schmerzen,

- Interdisziplinäre Zusammenarbeit,
- Achtung der Autonomie aller Betroffenen,
- Anerkennen des Sterbens und der Trauer als Teil des Lebens,
- Einbeziehen von befähigten Ehrenamtlichen in der Sterbebegleitung,
- Begleitung und Beistand statt aktiver Sterbehilfe“ (Bundesarbeitsgemeinschaft Hospiz 2005, S. 1 ff).

Für die Implementierung einer Hospizkultur und Palliativkompetenz in der stationären Altenhilfe sollen 20 Indikatoren in den Blick genommen und umgesetzt werden. Die Indikatoren sind in die Bereiche Leitungsverantwortung, Basisorientierung, Interprofessionalität und zeitliche Kontinuität gegliedert. Diese vier Bereiche einer palliativen Kultur mit ihren definierten Indikatoren werden hinsichtlich der Einführung der gesundheitlichen Versorgungsplanung in die weitere Reflexion einbezogen.

2.2 Zusammenfassende Erkenntnisse und gelingende Faktoren

Palliative Care ist ein Versorgungskonzept für tumorerkrankte, chronisch Kranke, alte, hochaltrige und demenziell veränderte Menschen, Menschen mit Behinderungen und Sterbende. Im Mittelpunkt steht die Orientierung am betroffenen Menschen (Patientenzentrierung) sowie die transdisziplinäre Zusammenarbeit.

Das Konzept Palliative Care fördert und fordert die Aufmerksamkeit auf den individuellen Versorgungsbedarf des Bewohners und bezieht, wenn gewünscht, Angehörige und Bezugspersonen mit ein.

Die Studienergebnisse weisen in einigen Bereichen Gemeinsamkeiten auf. Sie lenken den Blick auf Merkmale oder Indikatoren und gleichermaßen auf partizipative Prozesse sowie auf die organisationalen und gesellschaftlichen Rahmenbedingungen.

Palliative Care umzusetzen beinhaltet, die jeweiligen Kommunikationsstrukturen, Entscheidungsstrukturen und die Art, wie Entscheidungen getroffen werden, in den Blick zu nehmen. Auch die vorhandenen Reflexionsräume sind bedeutsam, um mit den in der Organisation innewohnenden nicht auflösbaren Widersprüchen des Lebens wie Jugend vs. Alter, Gesundheit vs. Krankheit, Leben vs. Tod, Autonomie vs. Fürsorge umgehen zu können (Heimerl et al. 2015,

S. 211 ff). Projekte können gelingen und nachhaltig wirken, wenn unterstützende Strukturen angeboten bzw. entwickelt werden, die langfristig eine Routine und damit Entlastung ermöglichen.

Die Bedeutung der Verknüpfung von Fortbildung und Organisationsentwicklung wird häufig benannt. Damit ist eine doppelte Aufmerksamkeit gemeint: sowohl für die Personen als auch für die Organisation. Es geht also darum, Fortbildung und Kompetenzaufbau mit Organisationsentwicklung zu verknüpfen und die dafür nötigen Reflexionsräume zur schaffen.

Die Entwicklung einer Palliative Care Kultur in einer Altenpflegeeinrichtung fordert und fördert den Blick auf die Komplexität von Situationen in der Langzeitpflege am Lebensende. Für ein professionelles Handeln in Pflegeberufen verweist Friesacher auf ein doppeltes Mandat von Patientenbezug und Organisationsbezug und auf den doppelseitigen Wissensbezug von universell wissenschaftlichem und fallbezogenem Wissen (Friesacher 2008, S. 261). Dies ist eine der bedeutsamen Herausforderungen, die die Altenpflegeheime annehmen und weiterentwickeln dürfen, wenn sie die gesundheitliche Versorgungsplanung implementieren.

2.3 Implementierung von GVP als Change Prozess gestalten

Träger und Mitarbeitende in Altenpflegeheimen haben Erfahrungen in der Einführung und Begleitung von Veränderungsprozessen. Vielfältige gesellschaftliche, politische, leistungsrechtliche und fachliche Einflüsse wirken auf die Altenpflegeheime ein und fordern eine stetige Lern- und Veränderungsbereitschaft. Geplante Veränderungsprozesse sind meist kein kurzfristiges Ereignis, sondern sind prozesshaft aufgebaut und zielen auf die Flexibilität und Veränderungsbereitschaft der gesamten Organisation. Damit werden Veränderungsprozesse nahezu zu einer Charaktereigenschaft der Organisation, da sie sich immer wieder neu den Anforderungen ihres relevanten Umfeldes und ihrer „Kunden" stellen.

Gezielte Implementierungsprozesse reflektieren und berücksichtigen die Schwierigkeiten, die mit den Prozessen einhergehen, eine „neue Ordnung" herstellen zu wollen. Sie reflektieren auch ein mögliches Scheitern des Vorhabens und rechnen mit der Starrheit und dem Widerstand in der Organisation. Denn eine neue Ordnung zur formieren, stellt sich immer wieder als anspruchsvolle und herausfordernde Aufgabe dar. In der Literatur lassen sich viele Changemanagement-

Modelle finden. Diese versuchen meist ein vereinfachtes Bild von einer komplexen Wirklichkeit bzw. komplexen Organisation darzustellen. Diese Komplexitätsreduzierung in einem Modell ist notwendig, um einen Informationsgewinn zu erzielen und den Veränderungsprozess in machbare Schritte zu gliedern.

Von Management-Modellen abgeleitete Projektpläne können z. B. helfen, den Überblick zu behalten, die wichtigen Entwicklungsschritte zu definieren, die notwendigen Ressourcen zu planen und die Verantwortlichkeiten für die Umsetzung festzulegen. Unterschiedliche Phasenmodelle oder Changemanagement-Modelle können ein „theoretisches Geländer" und damit einen Handlungsrahmen darstellen.

Es wird in diesem Buch kein Changemanagement-Modell als besonders geeignet herausgegriffen. Beispielhaft wird auf das Phasenmodell von Krüger verwiesen, um deutlich zu machen, dass es sich idealerweise um einen in Phasen ablaufenden Prozess handelt, der in Teilschritten zu gliedern und zu planen ist (Krüger 2006). Die hier beispielhaft benannten Phasen tauchen als Struktur in dem Musterprojekt-Strukturplan (Anhang) wieder auf. Für die Einführung der GVP als Projekt können die Akteure sich jedoch auch an anderen bekannten Verfahren oder Modellen orientieren. Im Folgenden werden die durchzuführenden Projektphasen beschrieben:

Phase der Initialisierung

- Die Einrichtungsverantwortlichen stellen einen Wandlungs- und Handlungsbedarf fest. Dieser entsteht auf Basis der gesetzlichen Möglichkeiten und die im jeweiligen Bundesland vorhandenen Landesvereinbarungen mit den Kostenträgern.
- In den Einrichtungen muss die Entscheidung für das Projekt gefällt werden. Dabei handelt es sich um eine strategische Entscheidung des Trägers, die Initialisierung des Projektes zur Einführung der gesundheitlichen Versorgungsplanung verantwortungsvoll und mit den entsprechenden Ressourcen umzusetzen.
- Die Einrichtung vergewissert und entscheidet sich, dass für dieses Projekt aktuell der richtige Zeitpunkt ist.
- Die Ideenträger bzw. Meinungsführer müssen identifiziert und eingebunden werden, damit der unbedingte Wille zur Veränderung erkennbar wird.

Phase der Konzipierung

- In dieser Phase werden die Ziele und Maßnahmen festgelegt und in einem detaillierten Projektplan fixiert.

- Der Projektplan enthält dabei das Projektziel/Projektergebnis und die Parameter, um das Ergebnis zu erreichen.
- In der Regel ist ein solch umfangreiches Projekt in weitere Phasen oder Teilaufgaben untergliedert (Ressourcen, Risiken, Annahmen, Abhängigkeiten und Einschränkungen, Kostenschätzung Qualitätskontrolle, Anträge und Genehmigungen).

Phase der Mobilisierung

- In der Organisation wird das Projekt angekündigt. Intern und Extern werden Gesprächsprozesse angeregt, z.B. durch Kick-off-Veranstaltungen und Öffentlichkeitsarbeit.
- Ein Projektteam definiert die Projektschritte und der erstellte Projektstrukturplan wird in der Einrichtung vorgestellt.
- Damit wird für eine aktive Beteiligung der Mitarbeiter und Transparenz über den Projektverlauf in der Einrichtung gesorgt. Auftretende Ängste und Irritationen von Mitarbeitenden können aufgenommen und dialogisch bearbeitet werden.
- Ziel ist, Transparenz zu schaffen über die geplante Veränderung, um den Change-Prozess vorzubereiten.

Phase der Umsetzung

- Projektschritte umsetzen, ggf. als Folgeprojekt weiterführen.
- Priorität der Ziele und Maßnahmen sind den Mitarbeitern bekannt.
- Begleitung durch themenspezifische Fortbildungen und Veranstaltungen für alle Mitarbeitenden.

Phase der Verstetigung

- Hier geht es darum, die erfolgreichen Veränderungen beizubehalten und zu verfestigen – eine Absicherung der Implementierungsschritte durch strukturelle Verankerung in der Organisation (Arbeitskreise, Beauftragungen).
- Maßnahmen im Arbeitsalltag verankern und sie zu einem festen Bestandteil der täglichen Arbeitsprozesse werden lassen.
- Im Qualitätsmanagement können die Methoden und Instrumente standardisiert werden.
- Einen wesentlichen Beitrag leisten auch Auswertungen, regelmäßige Evaluation und Weiterentwicklung der Veränderung.

Die bei der Einführung von GVP vorgenommenen Veränderungen von z.B. neuen Zuständigkeiten und veränderten Prozessen bewirken idealerweise Veränderungen bei allen Mitgliedern der Organisationen. Jedoch werden Veränderungen nicht um der Veränderung willen durchgeführt.

Die Restrukturierung in der Organisation bezieht sich auf eine sachliche Ebene (Prozess der Gesprächsbegleitung, Einführung neuer Dokumente). Mit intendiert sind meist auch eine strategische Positionierung, die eine Reorientierung im Auftrag und Geschäftsfeld bedeuten. Weitaus anspruchsvoller ist die Ebene der Modellierung von Einstellungen, Werten und Normen. Diese werden in veränderten Aussagen und Verhaltensweisen sichtbar und machen letztendlich den erfolgreichen Veränderungsprozess hin zu einer neuen Kultur und Identität aus.

3 Gespräche in der gesundheitlichen Versorgungsplanung führen

Dieses Kapitel beschäftigt sich mit allen Themen rund um das Kernstück der gesundheitlichen Versorgungsplanung – dem Beratungsgespräch. Aktuell gibt es nur wenig evidenzbasierte Aussagen, wie diese Gespräche oder besser Gesprächsprozesse geführt werden sollen. Im nachfolgenden Kapitel werden daher auf den bisherigen Erkenntnissen aufbauend, Vorschläge, Hinweise und Empfehlungen zur Gestaltung der Gesprächsprozesse gegeben. Diese sollen die aktuelle Fachdebatte bereichern und können kontrovers diskutiert werden.

3.1 Gespräche führen in der Organisation

Ehe Sie sich nun in die theoretischen Inhalte vertiefen, nehmen Sie sich bitte einen Augenblick Zeit. Stellen Sie sich vor, jetzt in diesem Augenblick klopft es an Ihrer Tür. Eine freundliche Dame steht davor und bittet Sie um ein wenig Zeit. Sie möchte Ihnen ein Angebot machen. Sie bietet Ihnen an, gemeinsam ein Gespräch zu führen, in dem Sie Ihre Wünsche und Bedürfnisse zur gesundheitlichen Versorgungsplanung am Lebensende definieren und schriftlich festhalten können. Ganz spontan – Wie fühlt sich das an? Welche Gedanken kommen Ihnen in den Sinn? Schreiben Sie ihre Antwort auf, um sie nicht zu vergessen:

Meine Gefühle:	
Meine Überlegungen:	

Wären Sie spontan bereit zu einem Gespräch? Oder würden Sie es gerne verschieben? Möchten Sie evtl. zuerst mit Freunden oder Angehörigen darüber sprechen? Oder haben Sie bereits Dokumente zur gesundheitlichen Versorgungsplanung erstellt? Dann würde die Dame Ihnen vielleicht folgende Fragen stellen:

- Sind Sie sicher sind, dass die erstellten Dokumente so konkret sind, dass diese im Bedarfsfalle tatsächlich ihren Willen beschreiben?[1]
- Haben Sie manchmal Sorge, ob das, was Sie festgehalten haben in der konkreten Situation auch das ist, was Sie wirklich möchten?
- Haben Sie Ihre Dokumente schon einmal verändert, weil sie inzwischen Ihre Meinung oder Präferenzen geändert haben? Wenn ja, was gab Ihnen Anlass, Ihre Haltung zu ändern?

Könnten Sie die Fragen beantworten?

In der aktuellen Debatte um die gesundheitliche Versorgungsplanung wird häufig davon ausgegangen, dass ein autonomer Mensch feststehende Werte und Meinungen hat, diese kommunizieren kann und daher auch in der Lage ist, auf dieser Basis Aussagen über seine gesundheitliche Versorgung rechtsverbindlich festzuhalten. Dabei entsteht der Eindruck, dass es vor allem darum geht, die Wünsche und Präferenzen medizinischer Behandlungsentscheidungen bzw. der Vermeidung von Übertherapie zu konkretisieren (Schuchter et al. 2018).

Es wirkt, als hätten wir es vor allem mit einem medizinischen Problem zu tun, in das existenzielle und soziale Fragen hineinspielen. Wie sehen Sie das? Stützen Sie diese Aussage? Waren es tatsächlich vorwiegend Therapieentscheide, die im Mittelpunkt ihrer Überlegungen waren? Oder ging es vielmehr um unbestimmte Ängste und Sorgen bei der Frage, was am Lebensende auf Sie zukommen wird? Wer aus meinem sozialen Umfeld wird da sein und für mich sorgen? Wie viel Leid und Schmerz werde ich ertragen müssen und wünsche ich mir dann immer noch, am Leben zu sein? Kann man auch in der Krankheit oder im Sterben Lebensqualität haben? Und wenn ja, was macht meine Lebensqualität aus?

1 In der Broschüre des Bundesministeriums der Justiz und für Verbraucherschutz „Patientenverfügungen – Leiden-Krankheit-Sterben“ (Bundesministerium der Justiz und Verbraucherschutz, 2019) wird darauf hingewiesen, dass keine allgemeinen Formulierungen verwendet werden sollen. Vielmehr muss möglichst konkret beschrieben werden, in welchen Situationen die Aussagen der Patientenverfügung gelten sollen und welche Behandlungswünsche der Verfasser in diesen Situationen hat (S. 18 unter 1.9). Es wird darauf hingewiesen, dass der Verfasser genau niederlegen sollte, ob die in der Patientenverfügung konkret festgelegten Behandlungswünsche (z.B. die Durchführung oder die Ablehnung bestimmter Maßnahmen wie künstliche Ernährung und Flüssigkeitszufuhr) in allen konkret beschriebenen Behandlungssituationen gelten sollen oder ob für verschiedene Situationen auch verschiedene Behandlungswünsche festgelegt werden sollen.

Vielleicht haben Sie bemerkt, dass sich die Fragen zur eigenen gesundheitlichen Versorgung am Lebensende nicht so einfach beantworten lassen. Es ist sehr schwer, Behandlungen zu befürworten oder abzulehnen, wenn man nur Vermutungen über die zukünftige Lebenssituation und die mögliche, wahrgenommene Lebensqualität anstellen kann. Doch eines wird deutlich, die Entscheidung für oder gegen eine bestimmte medizinische Behandlung ist stark abhängig von der Frage, wie hoch die verbliebene Lebensqualität in dieser Situation sein mag.

In der gesundheitlichen Versorgungsplanung muss es also auch darum gehen zu überlegen, wie Ihre Lebensqualität (auch wenn Sie urteilsunfähig sind) noch möglichst lange erhalten bleiben kann. Es geht dann auch um Fragen wie:

- Welche sozialen Kontakte sind mir wichtig?
- Was passiert, wenn diese wegfallen?
- Wie möchte ich meinen Tag gestalten?
- Wie möchte ich gepflegt werden?
- Welche religiösen oder spirituellen Handlungen sind mir wichtig?
- Worauf könnte ich verzichten und letztendlich:
- Wann wäre ein Punkt erreicht, an dem Sie keine weiteren medizinischen Maßnahmen mehr erhalten möchten, weil die Lebensqualität für Sie persönlich nicht mehr ausreichend ist?

Wir glauben, dass nur wenige Menschen über die erforderliche Klarheit verfügen, um zu all den oben genannten Aspekten sofort Auskunft geben zu können. Die persönlichen Antworten sind vielmehr Ergebnis eines Entwicklung- und Reifeprozesses einer Person.

Um diesen Reifungsprozess zu unterstützen, bedarf es eines achtsamen und fürsorglichen Umfelds, in dem die Angesprochenen/Bewohner jederzeit die Möglichkeit haben, sich mit den persönlichen Fragen zum Ende des Lebens auseinanderzusetzen. Das bedeutet, in einer Einrichtung ist eine achtsame und fürsorgliche Gesprächskultur erforderlich, die es den Bewohnern ermöglicht, jederzeit ihre Fragen zu stellen oder über Themen zu sprechen, die sie aktuell beschäftigen. Die Gespräche zur gesundheitlichen Versorgungsplanung können somit als Teil eines vorausschauenden „Sorge-Dialogs" gesehen werden, in dem alle Mitarbeiter die Verantwortung haben, den Bewohner in seinen Auseinandersetzungsprozessen zu begleiten.

Um das Gesprächsangebot in diesem Sinne zu verdeutlichen, zeigt die nachfolgende Übersicht die Unterschiede zwischen gezielten Gesprächen zur gesundheitlicher Versorgungsplanung und den „Vorausschauenden Sorge-Gesprächen" auf.

Beratungsgespräch zur gesundheitlichen Versorgungsplanung nach § 132g SGB V (qualifizierte Gesprächsbegleiter)	**Vorausschauender Sorge-Dialog** (alle Mitarbeiter)
Ziel ❖ Autonomie wahren ❖ Beratung bei der Festlegung medizinischer, pflegerischer, psychosozialer und religiösspiritueller Wünsche	**Ziel** ❖ Den Ängsten, Sorgen und Leiden der Bewohner „Gehör" schenken. ❖ Trost spenden
Prozess des Gesprächs ❖ Entwickeln von Behandlungspräferenzen ❖ Erfassen von Wertehaltungen ❖ Evtl. schriftliche Erfassung von Versorgungswünschen	**Prozess des Gesprächs** ❖ Offenes Ergründen der Fragen, Sorgen, Spannungsfelder und Möglichkeiten angesichts des bevorstehenden Lebensendes
Erforderliche Netzwerke ❖ Netzwerk professioneller Organisationen schaffen, um die Berücksichtigung der erstellten Dokumente sicherzustellen	**Erforderliche Netzwerke** ❖ Ein Netzwerk von Sorgebeziehungen um den Bewohner schaffen

Tabelle 3: Gegenüberstellung von Beratungsgesprächen zur gesundheitlichen Versorgungsplanung und Gesprächen im Sinne eines „Care/Sorge-Dialogs" (Schuchter, Brandenburg & Heller, 2018).

Wir sehen die gesundheitliche Versorgungsplanung im Sinne des § 132g SGB V als Teilaspekt eines Sorgenetzwerkes, das nicht die Absicht hat, Sterbeprozesse effizienter zu gestalten. Es geht vielmehr um aktives Zuhören im Sinne einer hospizlichen Haltung und um die Zuwendung zum anderen, der seine Themen und Anliegen zunächst nur suchend und bruchstückhaft formulieren kann (Schuchter et al. 2018, S. 226). Somit wird der Aspekt des aktiven Zuhörens aller Mitarbeiter ein wichtiger Kommunikationsbaustein in den Gesprächsprozessen der gesundheitlichen Versorgungsplanung.

Weiterhin ist erforderlich, dass die Bemühungen im Kontext der gesundheitlichen Versorgungsplanung sich nicht nur auf Institutionen und Professionen im Gesundheitswesen konzentrieren, da diese alleine nicht in der Lage sind, die Voraussetzungen für einen guten Umgang mit Sterben, dem Altwerden, dem Trauern und dem Tod zu schaffen (Schuchter et al. 2018, S. 228). Die Auseinandersetzung mit dem Ende des Lebens und der Frage, wie will ich mein Lebensende gestalten, beginnt nicht erst beim Einzug in ein Altenpflegeheim. Hilfe und Sorge ist nicht etwas, was nur Profis anbieten. Es geht auch um den Austausch mit anderen Menschen und deren Lebenserfahrung sowie deren Umgang mit existenziellen Fragen des Lebens. In diesem Sinne wäre die Entwicklung einer noch tragfähigeren Gesprächs- und Sorgekultur, vor allem in

Bezug auf die herausfordernden Themen am Lebensende, in unserer Gesellschaft begrüßenswert.

Die im weiteren Verlauf dieses Buches beschriebenen Handlungsempfehlungen sehen die Gespräche zur gesundheitlichen Versorgungsplanung eingebettet in das Netzwerk einer Sorgekultur innerhalb einer Einrichtung, in denen es um viel mehr geht als um die Erstellung rechtsverbindlicher Dokumente.

3.2 Entwicklung und Zielsetzung des Gesprächsangebots

Um unsere Haltung in den Gesprächen der gesundheitlichen Versorgungsplanung nachvollziehen zu können, wird an dieser Stelle auf die geschichtliche Entwicklung von ACP eingegangen.

Die gesundheitliche Versorgungsplanung in Deutschland basiert auf einem Entwicklungsprozess, der seine Ursprünge in den USA hat. Das Konzept „Advance Care Planning“ ist damals aus einer kritischen Diskussion über die Realisierung des Projekts „Patient-Self-Determination-Act“ (PSDA) entstanden. Mit dem Projekt PSDA wurden anfangs der 1990er Jahre in den USA Einrichtungen der Gesundheitsversorgung verpflichtet, Patienten und Patientinnen über ihr Recht auf Therapiebegrenzung und schriftlicher Vorausverfügung zu informieren (Coors 2018, S. 197). Damit wurden zwei Ziele verfolgt:

- Die Anzahl der Vorausverfügungen in der Bevölkerung zu erhöhen
- und die Förderung der Kommunikation zwischen Patienten und Ärzten.

Im weiteren Verlauf der Umsetzung wurden mehrere Herausforderungen deutlich, die unter dem Begriff „Advance Care Planning“ zusammengefasst diskutiert wurden. Es wurde erkannt, dass vermehrt

- vorausplanende Gespräche über zukünftige Behandlungsentscheide geführt werden sollen,
- behandelnde Ärzte und Ärztinnen und entsprechend geschulte Mitarbeiter und Mitarbeiterinnen involviert werden müssen,
- Angehörige einbezogen werden sollen, damit diese später aufgrund der erhaltenden Informationen bessere stellvertretende Entscheidungen treffen können,
- die Gespräche zur Versorgungsplanung möglichst frühzeitig (vor einer stationären Aufnahme) geführt werden sollen,
- Vorausplanungen für Notfälle dokumentiert werden (Coors 2018, S. 197).

Die weiteren Entwicklungen wurden in verschiedenen Settings wissenschaftlich untersucht und bewertet, z.B. in der Lacrosse Advance Directive Study (Hammes et al. 2010). Es zeigte sich, dass die oben genannten Schritte zur Umsetzung des „Advance Care Planning Konzepts" tatsächlich wirksam sind. Deutlich mehr Personen hatten ihre Wünsche bezüglich ihrer gesundheitlichen Versorgung dokumentiert. In den Untersuchungen wurde jedoch erkannt, dass die Urteilsbildung der Patienten und Patientinnen nicht bereits feststand, sondern in einem Gesprächsprozess sorgsam ermittelt werden musste. Der Erfolg der Umsetzung wird demnach interessanterweise darauf zurückgeführt, dass ACP als Gesprächsprozess verstanden wird, in dem das Ziel nicht allein das Ausfüllen von Formularen ist (Prendergast 2001, N 38). Vielmehr stehen im Zentrum die Gespräche über Werte und Wünsche des Betroffenen im Beisein seiner Angehörigen oder nahestehenden Personen. Dabei wird die Selbstbestimmung der Person nicht infrage gestellt. Es werden jedoch stärker die „Sorge-Beziehungen" innerhalb des sozialen Umfelds des Betroffenen wahrgenommen und einbezogen (Coors 2018, S. 197). Weitere Untersuchungen zeigten auf, welche Anliegen Menschen haben, die Gespräche zur gesundheitlichen Versorgungsplanung in Anspruch nehmen (Singer et al., 1998). Offenbar war es für die Menschen nicht nur bedeutsam, Entscheidungen für Situationen zu treffen, in denen sie nicht mehr einwilligungsfähig sind. Es ging ihnen vielmehr auch um die Vorbereitung auf das Sterben und den Tod und die Frage, wie sie nahestehende Angehörige entlasten können. Die wichtigste Erkenntnis jedoch war, dass der soziale Prozess zur Vorbereitung auf das Lebensende eine bedeutendere Rolle spielt als bisher angenommen (Coors 2018, S. 197). Letztendlich scheinen für die Betroffenen nicht die ausgefüllten Dokumente wichtig zu sein, sondern der Gesprächsprozess an sich, in dem die Begleitpersonen moralisch Sorge tragen, dass der Betroffene seine Wünsche und Bedürfnisse entwickeln und benennen kann.

Die Gespräche zur gesundheitlichen Versorgungsplanung sind für die Betroffenen also dann besonders hilfreich, wenn Angehörige und Begleitperson die Auseinandersetzung mit den Themen am Lebensende begleiten und unterstützen. Dabei werden Fragen relevant wie:

- Was ist für mich ein gutes Leben bis zum Ende?
- Wie möchte ich mein Leben leben – lebe ich mein Leben?
- Was bin ich mir und anderen schuldig?
- Was kann ich geben, ohne mich aufzugeben?
- Welche Hilfe und Sorge kann und möchte ich annehmen?
- Wie gehe ich mit dem Bewusstsein des eigenen Sterbens um?
- Was oder wer trägt mich bis zum Schluss?
  (Schuchter et al. 2018, S. 219)

Aktuell erleben wir in Deutschland zeitlich verzögert eine ähnliche Entwicklung wie in den USA. 2008–2011 förderte das Bundesministerium für Bildung und Forschung ein Modell Projekt zur Adaption von „Respecting Choice" in das deutsche Gesundheitssystem. Das Projekt unter dem Namen von „beizeiten begleiten" wurde von Jürgen in der Schmitten, Georg Marckmann und Sonja Rothärmel geleitet.

Das amerikanische Konzept wurde an die Situation in Deutschland völlig neu angepasst (Coors 2018, S. 204). Es wurde das Ziel verfolgt, auch in Deutschland zunehmend aussagefähige und zuverlässige Festlegungen in der gesundheitlichen Versorgungsplanung zu erhalten. So wurde vor allem der amerikanische Notfallbogen zu einer ärztlichen Notfallanordnung weiterentwickelt. Um aber auch in Deutschland valide Daten zu erhalten, wurde in den letzten Jahren der Fokus vermehrt auf die Dokumentation der gesundheitlichen Versorgungsplanung und deren Evaluation gelegt. Diese Entwicklung betrachten wir kritisch.

Wir sehen die Implementierung der gesundheitliche Versorgungsplanung in Einrichtungen der Altenpflege tatsächlich als weiteren Beitrag zur Entwicklung einer palliativen Care-Kultur, in der Menschen am Lebensende in ihrer Auseinandersetzung mit den Themen Lebensqualität, Sterben und Tod durch Angehörige, nahestehende Personen und professionell ausgebildete Gesprächsbegleiter unterstützt werden. Wenn die Menschen sich aufgrund der geführten Gespräche in der Lage sehen, Vorausentscheidungen zu treffen, dann werden diese selbstverständlich von geschulten Gesprächsbegleitern aufgenommen und dokumentiert. Wir plädieren in Einrichtungen der Altenpflege jedoch zudem für die Weiterentwicklung einer Sorge- und Gesprächskultur im Umgang mit der gesundheitlichen Versorgung am Lebensende.

Diese Gesprächskultur muss von allen Mitarbeitern mitgetragen werden und kann nicht allein von ausgebildeten Gesprächsbegleitern gestaltet werden. Wie bereits erläutert, entwickeln sich Entscheidungen zur eigenen gesundheitlichen Versorgungsplanung in einem Prozess in Gesprächen mit anderen Menschen. Dies erfordert von allen Gesprächsbegleitern eine fürsorgliche Grundhaltung gegenüber den Bewohnern, damit diese ihre Vorstellungen über die gewünschte Behandlung am Lebensende autonom entwickeln können.

3.3 Autonomie und Fürsorge in der gesundheitlichen Versorgungsplanung

Jeder Mensch hat zunächst das Grundbedürfnis, selbst über sein Leben und dessen Gestaltung autonom/selbstbestimmt zu entscheiden. Jeder Mensch ist aber auch auf der Suche nach Solidarität und Gemeinschaft und wünscht sich „Bedeutung für andere“ zu haben (Dörner 2019, S.14). Menschen und ihre Autonomie sind stets in ihrem jeweiligen Netzwerk von Sorge und Abhängigkeit zu betrachten (Gilligan 1984).

Beide Aspekte – Autonomie und Fürsorge – sind daher bedeutsam und in Gesprächen zur gesundheitlichen Versorgungsplanung zu berücksichtigen. Je nach Lebensalter, Lebensaufgabe und Lebenssituation verändern sich Bedürfnisse und die Bedeutung von eigener Autonomie sowie der Wunsch nach Beziehungen und Kommunikation (Dörner 2019, S.15). Aus diesem Grund muss davon ausgegangen werden, dass sich auch die geäußerten Präferenzen einer Person bezüglich der weiteren gesundheitlichen Versorgung immer wieder verändern können. So kann z.B. eine Patientenverfügung, in der eine Person sich einen schnellen und schmerzfreien Tod wünscht, in der aktuellen Situation nicht mehr passend sein, weil sich der Betroffene jetzt eher für wenig Schmerzmittel und daher für mehr bewusste Wahrnehmung entscheiden würde und gerne möglichst noch Zeit mit seinem neugeborenen Enkel verbringen will.

Das Beispiel verdeutlicht die Problematik, dass eine Vorausverfügung für die gesundheitliche Versorgungsplanung zunächst die Handlungsoptionen definiert, die in der aktuellen Lebenssituation für einen zukünftig eintretenden Fall als passend erscheinen. Ob diese im eingetretenen Fall weiterhin Gültigkeit hat, darf und muss im Einzelfall kritisch hinterfragt werden, sofern die betroffene Person sich verbal oder nonverbal entsprechend äußert.

Aus rechtlicher Sicht ist der schriftlich geäußerte Wille in jedem Falle gültig, sofern die betroffene Person in der akuten Situation diesem nicht widerspricht/widersprechen kann. Dies mag vielleicht auch der Grund sein, warum so viele Menschen bisher ihre Vorstellungen einer gesundheitlichen Versorgung nicht eindeutig definiert haben. Auch nach reiflicher Überlegung bleibt bei vielen Menschen eine Restunsicherheit, ob das geplante Vorgehen im eingetretenen Fall tatsächlich gewünscht wird. Denn sie sollen zu einer Situation (die viele noch nicht kennen), zu einem Krankheitsbild (das sie evtl. noch nicht erlebt haben) und zu einer Therapie (die sie möglicherweise noch nicht durchgeführt haben) Stellung nehmen und entsprechende Entscheidungen treffen. Um in dieser Hinsicht mehr Unterstützung zu erhalten hat der Gesetzgeber bestimmt, dass eine Person zur Entscheidungsfindung alle relevanten Informationen erhalten und verstehen muss (Informed Consent).

Definition Informed Consent
Die selbstbestimmte Einwilligung in eine Behandlung setzt voraus, dass die betroffene Person über Diagnose, Behandlung und die damit verbunden Chancen und Risiken sowie über alternative Behandlungsmöglichkeiten vollumfänglich informiert wurde. Die Person muss die Informationen verstanden haben und auf Basis dieser Informationen eine selbstbestimmte Entscheidung treffen (Düwell et al. 2006, S. 276).
Definition Shared Decision Making
Shared Decision-Making (SDM) ist eine Form der Kommunikation zwischen fachlicher Beratungsperson und Bewohner. Der Ansatz sieht vor, Informationen auszutauschen und eine Entscheidung gemeinsam und gleichberechtigt zu finden – etwa mit Blick auf eine Behandlung. Die Kommunikation in diesem Konzept erfolgt also zweiseitig. Sowohl die Beratungsperson als auch der Bewohner stellen Fragen und beantworten Fragen. Hierfür bezieht die Beratungsperson den Gesprächspartner in alle wichtigen Aspekte mit ein. Der Bewohner wiederum bespricht seine Anliegen offen und erklärt seine Präferenzen. Ziel ist es gemeinsam über eine angemessene Versorgung zu entscheiden und diese zu verantworten. (Stiftung Gesundheitswissen, 2018).

Um diesen komplexen Austausch durchführen zu können, sind Gespräche mit geschulten Personen erforderlich, damit eine individuelle und eigenständige Entscheidung getroffen werden kann (in der Schmitten et al. 2016, S. 179). Treten Fragen auf, so bespricht der ausgebildete Gesprächsbegleiter diese mit dem Bewohner und informiert über mögliche eintreffende Situationen und Behandlungsoptionen. Ziel ist eine aufgeklärte Zustimmung des Bewohners. Wenn der Gesprächsbegleiter nicht in der Lage ist, die fachlichen Fragen des Bewohners zu beantworten, sollten weitere fachkompetente Personen in das Gespräch einbezogen werden. Der ausgebildete Gesprächsbegleiter unterstützt (wenn erforderlich) in der Abwägung verschiedener Behandlungsoptionen und bei der Festlegung von Präferenzen im Sinne von „Shared Decision-Making".

Durch die begleitete Reflexion sowie einer auf Fürsorge basierenden professionellen Beziehung kann sich eine Person in einer sich stetig verändernden Lebens- und Gesundheitssituation den erforderlichen Entscheidungen annähern und letztendlich verfügen, wie die weitere gesundheitliche Versorgung aussehen soll.

Die folgende Tabelle auf der nächsten Seite zeigt auf, wie der Prozess der Festlegung von Betreuungs- und Behandlungsoptionen verlaufen kann.

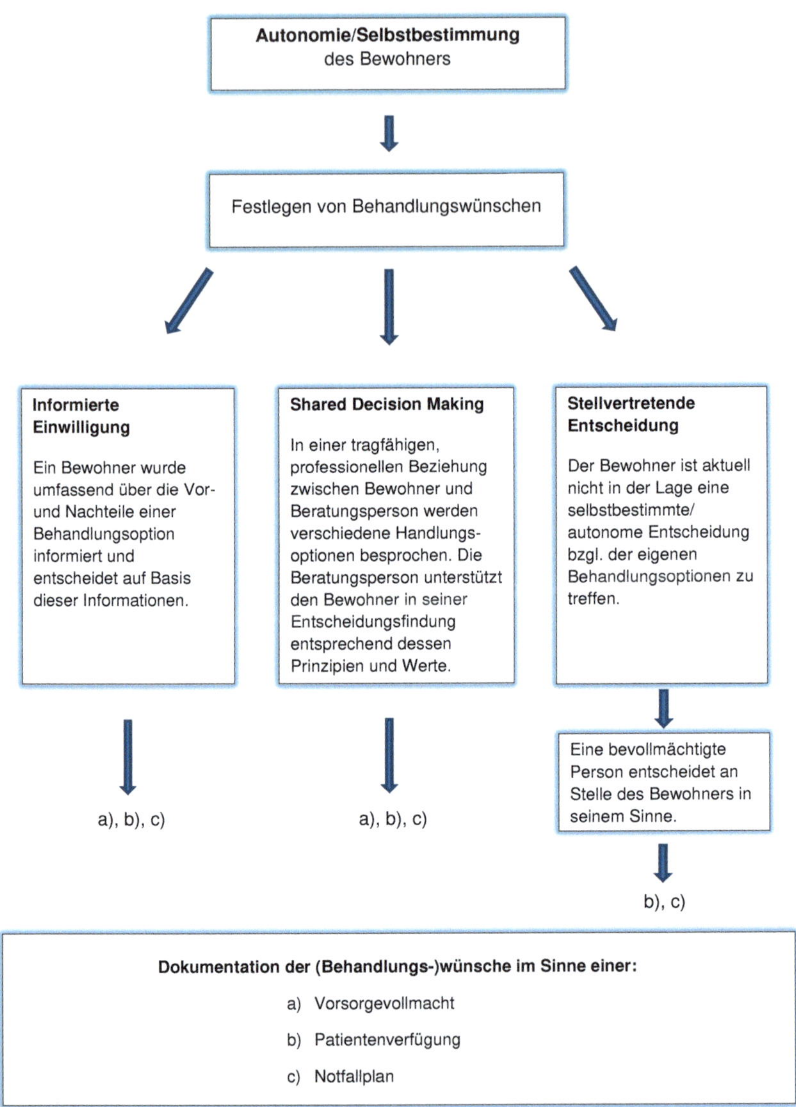

Tabelle 4: Prozesse der Festlegung von Betreuungs- und Behandlungsoptionen.

In den Gesprächen zur gesundheitlichen Versorgungsplanung werden (außer der Sichtweise des Betroffenen) auf Wunsch des Betroffenen verschiedene Perspektiven und fachliche Aspekte z.B. von Angehörigen, Ärzten und Gesprächsbegleitern eingebracht. Der geschulte Gesprächsbegleiter achtet darauf, dass im Gesprächsprozess der Bewohner und seine Vorstellungen über die gesundheitliche Versorgung im Mittelpunkt der Gespräche stehen. Nachfolgende Abbildung verdeutlicht die unterschiedlichen Blickwinkel der Gesprächsteilnehmer und deren wünschenswerte Gesprächshaltung.

Mehrere Perspektiven, die des Bewohners, der Angehörigen und die der Beratungs-/Begleitungsperson werden im Gespräch thematisiert und sorgsam abgewogen. Im besten Fall kann der Bewohner auf Basis der erhaltenen Informationen und der Beratung eine Entscheidung über die gewünschte weitere gesundheitliche Versorgungsplanung treffen. Unter Umständen sind hierzu mehrere Gespräche erforderlich.

Perspektive des Bewohners	Perspektive der Angehörigen/ Nahestehende Person	Perspektive der Beratungs-/ Begleitperson
Ethische Prinzipien: ❖ Recht auf Selbstbestimmung	**Ethische Prinzipien:** ❖ Autonomie des Betroffenen wahren ❖ Gutes tun/Fürsorge ❖ Nicht schaden	**Ethische Prinzipien:** ❖ Autonomie des Betroffenen wahren ❖ Gutes tun/Fürsorge ❖ Nicht schaden
Eigene Interpretation des Wohlergehens	Wohlergehen des Betroffenen aus Sicht der nahestehenden Person	Wohlergehen des Betroffenen aus Sicht der professionellen Begleiter
Entscheidungsfindung des Bewohners auf Basis von: ❖ Informed Consent ❖ Shared Decision-Making		

Tabelle 5: Perspektiven der Gesprächsteilnehmer.

Die angebotene Beratung und Begleitung wird zunächst ergebnisoffen geführt. Das Gespräch kann durch unterschiedliche Akteure eingeleitet werden und in verschiedenen Richtungen verlaufen, z. B.:

- ❖ Der Bewohner wünscht aus eigenem Antrieb ein Gespräch, um seine Versorgungswünsche zu dokumentieren.
- ❖ Der Bewohner wird aufgesucht und erhält Informationen über ein Gesprächsangebot zur gesundheitlichen Versorgungsplanung. Mit folgenden Aspekten muss gerechnet werden.

Der Bewohner

a. lehnt das Gespräch ab, weil er über die Thematik nicht (nicht mit dieser Person) sprechen möchte,
b. lehnt das Gespräch ab, weil er keine Versorgungsplanung vornehmen möchte,
c. lässt sich auf das Gespräch ein und möchte Angehörige dazu einladen,
d. lässt sich auf ein Gespräch ein, kann sich dann aber nicht entscheiden ob er eine Versorgungsplanung erstellen will,
e. benötigt mehr Zeit, um nachzudenken und möchte zu einem anderen Zeitpunkt beraten werden,
f. entscheidet sich gegen eine definierte Versorgungsplanung und erstellt eine Vorsorgevollmacht für eine ausgewählte Person und/oder
g. erstellt eine Versorgungsplanung,
h. definiert zusammen mit dem Hausarzt eine Notfallversorgung, definiert mit dem Hausarzt einen palliativen Notfallplan,
i. bespricht seine bisherigen Vorsorgedokumente,
j. aktualisiert und/oder verändert seine bisherigen Vorsorgedokumente.

3.4 Inhalte des Gesprächs

Was im Gespräch thematisiert und besprochen wird, ist zunächst abhängig von der aktuellen Lebens- und Gesundheitssituation des Bewohners. Dabei ist besonders relevant, wie intensiv sich eine Person bereits mit dem eigenen Lebensende und der Tatsache des eigenen Sterbens auseinandergesetzt hat. Die Übersicht auf der nächsten Seite zeigt „Lebensstandorte“ und die daraus resultierenden Themenstellungen auf, welche in der gesundheitlichen Versorgungsplanung erörtert werden sollten. Deutlich wird dabei, dass Gespräche zur gesundheitlichen Versorgungsplanung bei veränderter Lebens- und Gesundheitssituation wiederholt stattfinden sollten, um die bisher dokumentierten Aussagen auf ihre Stimmigkeit zu überprüfen. Zur Gesprächsführung wurden bereits zahlreiche Gesprächsleitfäden erstellt und veröffentlicht (siehe weiterführende Adressen im Anhang), die den Gesprächsführer unterstützen, sich auf das Gespräch vorzubereiten und relevante Inhalte „nicht zu vergessen“. Die Vereinbarung nach § 132g Abs. 3 SGB V weist darauf hin, dass alle Wünsche einer medizinischen, pflegerischen, spirituellen und psychosozialen Betreuung für den Fall einer Urteilsunfähigkeit in der letzten Lebensphase dokumentiert werden können/sollen. Die Beratung und Begleitung in der gesundheitlichen Versorgungsplanung bezieht sich also nicht ausschließlich auf die medizinisch therapeutische Versorgung.

Lebensstandort		
Gesund	**Progressive Erkrankung**	**Palliativ-Situation**
Standortbestimmung Reflexion der eigenen Einstellung zum Leben, schwerer Erkrankung und Sterben.	*Standortbestimmung* Reflexion der eigenen Einstellung zum Leben, schwerer Erkrankung und Sterben. Evtl. müssen vorherige Versorgungsplanungen angepasst werden	*Standortbestimmung* Reflexion der eigenen Einstellung zum Leben, schwerer Erkrankung und Sterben. Evtl. müssen vorherige Versorgungsplanungen angepasst werden
Festlegung von Pflege- und Behandlungsoptionen für den Fall einer Urteilsunfähigkeit.	Festlegung von Pflege- und Behandlungsoptionen für den Fall einer Urteilsunfähigkeit unter Berücksichtigung der aktuell bestehenden Krankheitsbilder.	Festlegung von Pflege- und Behandlungsoptionen für den Fall einer Urteilsunfähigkeit bezogen auf ein mögliches, voraussehbares Sterbeszenario.
Auf Wunsch Erstellung eines Notfallplanes	Erstellung eines Notfallplanes wäre sinnvoll	Erstellung eines Notfallplanes
	Palliativ-Netzwerk einbeziehen	

Prozess zur Konkretisierung der eigenen Behandlungspräferenzen

Abbildung 1: Lebenssituationen der gesundheitlichen Versorgungsplanung in Anlehnung an Schubiger & Karzig-Roduner, 2019.

Für eine Notfallsituation, in der nicht mehr selbst entschieden werden kann, sollten folgende Aspekte thematisiert werden:

Medizinische Versorgung

Aus Datenerhebungen ist bekannt, dass die häufigsten Einweisungsgründe von Palliativ-Patienten/Bewohnern in ein Krankenhaus (in den letzten 6 Monaten vor deren Tod) Folgende waren (Obrist 2019, S. 38):

- Atemnot
- Schmerz
- Übelkeit, Erbrechen
- Schwäche
- Fieber
- Verwirrung
- Blutung
- Krampfanfälle
- Herz-Kreislaufstillstand

Um die Versorgungsplanung so konkret wie möglich dokumentieren zu können, ist es sinnvoll, diese und ähnliche Symptome, Krankheitsbilder oder Gesundheitszustände ganz konkret mit dem Bewohner zu thematisieren und die jeweiligen Versorgungswünsche in der entsprechenden Situation festzuhalten. Zudem sollte besprochen werden, wie damit umgegangen werden soll, wenn eine vorliegende Urteilsunfähigkeit dauerhaft oder nur vorübergehend ist.

Pflegerische Versorgung

Welche Wünsche und Bedürfnisse bestehen in Bezug auf die pflegerische Versorgung, wenn diese selbst nicht mehr ausgesprochen werden können? Dies kann sich auf Aspekte wie

- Körperpflege,
- Mobilisierung,
- Kleidung,
- Nahrungsverabreichung,
- Durchführung von Prophylaxen usw. beziehen.

Psychosoziale Bedürfnisse

Welche Wünsche und Bedürfnisse bestehen hinsichtlich

- Besuchen, Kontakten,
- der Teilhabe am sozialen Leben in der Einrichtung,
- Zimmergestaltung,
- körperlicher Nähe?

Religiöse/Spirituelle Bedürfnisse

- Besuch von Seelsorgern erwünscht?
- Bedürfnisse im Sinne von Spiritual Care?
- Gewünschte Rituale?

Zusammenfassend kann festgehalten werden, dass die Gespräche eben nicht nur medizinische Aspekte zur gesundheitlichen Versorgungsplanung umfassen. Die Berücksichtigung pflegerischer, psychosozialer und religiös-spiritueller Wünsche und Bedürfnisse der Bewohner hat großen Einfluss auf die wahrgenommene Lebensqualität am Lebensende. Diese Tatsache kann die Entscheidungen für die medizinische Versorgung wesentlich beeinflussen.

3.5 Die Kontaktgestaltung

Für die Beziehungsgestaltung sowie die Kommunikation in den Gesprächen zur gesundheitlichen Versorgungsplanung ist aus den oben genannten Gründen eine moralische Grundhaltung erforderlich, die den Bewohner als individuelle Persönlichkeit sieht, der das Bedürfnis hat, seine Wünsche und Vorstellungen zur eigenen gesundheitlichen Versorgung in der letzten Lebensphase in Gesprächsprozessen zu entwickeln.

Die Individualität ergibt sich aus der eigenen Persönlichkeit, der Biografie, der aktuellen Lebens- und Gesundheitssituation und dem jeweiligen sozialen Kontext einer Person. Unseres Erachtens müssen daher die Gespräche der gesundheitlichen Versorgungsplanung ebenso individuell geführt werden. Da die Inhalte des Gesprächs möglicherweise Tabuthemen berühren, Ängste und Sorgen, aber auch Überforderung auslösen können, ist in den Gesprächen eine Grundhaltung der Achtsamkeit und Fürsorge erforderlich.

Als geeignetes Gesprächskonzept bietet sich hier die präsentische Herangehensweise[2] von Timmermann und Baart an (Timmermann, Baart 2016). Die beiden beschreiben in ihrem Konzept die Struktur eines Gesprächsprozesses, in dem die professionelle Gesprächsperson ihrem Gegenüber Beistand und Unterstützung anbietet. Die begleitende Gesprächsperson konzentriert sich dabei ganz auf die Bedürfnisse des anderen. Timmermann und Baart beschreiben dies als Prozess einer engagierten Sorge für die andere Person. Sie definieren das Füreinandersorgen als eine tägliche Anstrengung, das Leben zu erhalten und zu gestalten. Dabei sind die Abhängigkeit der einzelnen Personen und die Vulnerabilität aller Beteiligten zu berücksichtigen. Hilfreiche Beratung, achtsame Begleitung und gelingende Unterstützung sind abgestimmt auf die Lebenswelt, die Lebensgeschichte und auf die Bedürfnisse des Gegenübers. „Gute Sorge" basiert auf einer vertrauensvollen Beziehung, die als passend, angemessen und hilfreich erlebt wird (Timmermann, Baart 2016, S. 197). Auf Basis dieser Grundannahmen sind für uns die Gespräche zur gesundheitlichen Versorgungsplanung verortet. Wie der Gesprächsprozess in der präsentischen Herangehensweise verläuft, zeigt nachfolgende Tabelle, die im Anschluss erläutert wird.

2 Die präsentische Herangehensweise beschreibt eine Arbeitsgrundhaltung, in der die professionelle Person sich in die Lebenswelt ihres Gegenübers einlässt und vorurteilsfrei dem anderen Beistand und Unterstützung anbietet. Das Konzept und seine Wirkung wurden in einer umfangreichen, langjährigen Forschung empirisch entwickelt und theoretisch systematisiert. Unseres Wissens wurde das Konzept bisher noch nicht mit den Gesprächen im Sinne von ACP in Zusammenhang gebracht. Wir glauben allerdings, dass die präsentische Herangehensweise als Grundhaltung für die Gesprächsbegleiter in der gesundheitlichen Versorgungsplanung absolut geeignet ist.

Die Erläuterungen zur präsentischen Herangehensweise werden aus Sicht der Beratungsperson dargestellt. Es wird die Bedeutung der einzelnen Aspekte im Gespräch erläutert und worauf sich die Gesprächsbegleiter einlassen müssen. In der Tabelle werden die bedeutsamen Gesprächsaspekte einzeln benannt. Im Gespräch werden diese jedoch fließend ineinander übergehen.

Präsentische Herangehensweise[3]			
Phasen	**Prozessziele**	**Arbeitsprinzipien**	**Werte**
Ausgesetztsein	Sich vorbereiten und Einlassen	1. Sich zur Verfügung stellen – über sich verfügen lassen	Verfügbarkeit
		2. Sich (von) der anderen Person öffnen (lassen)	Aufgeschlossenheit
Beziehung	Beziehungspflege	3. Eine sorgende Beziehung aufnehmen oder zulassen	Achtsames Beteiligtsein
	Bedarfsklärung	4. Sich abstimmen (lassen)	Bestätigung
Angebot		5. Sich hineinversetzen (lassen)	Solidarität
	Für eine andere Person sorgen	6. Die andere Person über die Art der Hilfe bestimmen lassen	Sinn
		7. Sich Zeit nehmen und Zeit geben	Angemessenheit
		8. Sich der anderen Person (voraussetzungslos) widmen	Verlässlichkeit
Rückkopplung	Abschluss des Prozesses, Vollendung der Versorgung	9. Sich infrage stellen (lassen)	Erfahrener Nutzen
		10. Sich in die öffentliche Debatte einmischen oder hineinziehen lassen	Demokratie als fürsorgliche Praxis

Abbildung 2: Darstellung der präsentischen Herangehensweise (Timmermann, Baart 2016, S. 202).

3 Zum Download unter www.lambertus.de/GVP.

Die vier Beziehungsphasen in der präsentischen Herangehensweise (Timmermann, Baart 2016)

1. *Ausgesetztsein*
   In dieser Phase geht es darum, sich auf die aktuelle Situation und die Lebenswelt des Gegenübers vorurteilsfrei einzulassen. Es wird zugelassen, dass der andere fremd ist und möglicherweise „fremde" Vorstellungen hat, das eigene Leben zu gestalten. Es ist erforderlich, sich dem anderen zu widmen und so zu handeln, dass es für ihn wohltuend und angemessen ist.

2. *Beziehung*
   Zur weiteren Gestaltung des Prozesses bedarf es einer professionellen Beziehung. Daher ist es erforderlich, ein Vertrauensverhältnis aufzubauen.

3. *Angebot*
   Nun kann, je nach Bedarf, die Form von Unterstützung angeboten werden, die erforderlich ist, damit sich das Gegenüber für eine gesundheitliche Versorgungsplanung entscheiden kann. Sorgen und Ängste können benannt und besprochen und Informationen abgegeben werden. Wünsche, Bedürfnisse und Entscheidungen, die das Gegenüber äußert, werden besprochen und notiert.
   Wenn eine Person kein Gespräch zur gesundheitlichen Versorgungsplanung wünscht, wird dies akzeptiert.

4. *Rückkopplung*
   Häufig findet diese Phase in einem abschließenden Gespräch statt. Hier wird das, was im gemeinsamen Gesprächsprozess festgehalten und dokumentiert wurde, nochmals besprochen und überprüft, ob die Vorstellungen des Gegenübers korrekt zusammengefasst wurden.
   Möglicherweise muss eine „Rückkoppelung" immer wieder vorgenommen werden, evtl. wenn sich die Lebens- oder Gesundheitssituation des Betroffenen verändert. Es ist sinnvoll, in Abständen immer wieder zu prüfen, ob der geäußerte Wille nach wie vor Gültigkeit hat.

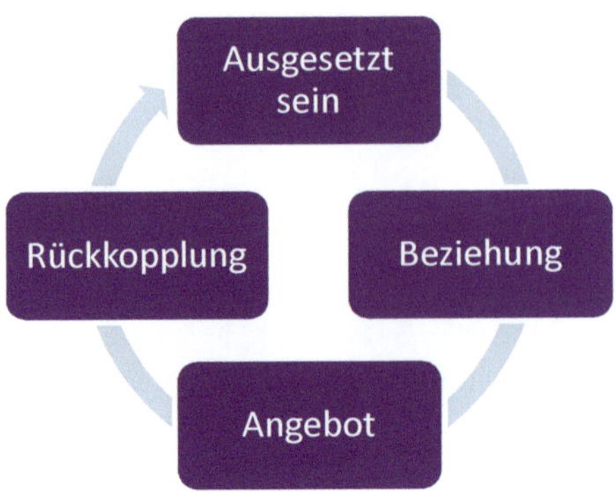

Abbildung 3: Gesprächsprozess in der präsentischen Herangehensweise.

Prozessziele und Arbeitsprinzipien

Die in der Übersicht dargestellten Prozessziele werden im Einzelnen nicht erläutert. Sie werden vielmehr durch die einzelnen Arbeitsprinzipien differenzierter beschrieben. Ihre Bedeutung im Folgenden also durch die Arbeitsprinzipien verdeutlicht.

1. *Sich zur Verfügung stellen – über sich verfügen lassen*
   Als Gesprächsbegleiter stellen Sie sich ihrem Gegenüber für ein Gespräch zur gesundheitlichen Versorgungsplanung zur Verfügung. In der gemeinsamen Zeit geht es vor allem um die Interessen des Bewohners. Das Gespräch orientiert sich also eng an den Bedürfnissen des Bewohners. Der zu realisierende Wert ist „Verfügbarkeit".

2. *Sich (von) der anderen Person öffnen (lassen)*
   Im Gespräch wenden Sie sich ihrem Gesprächspartner zu und sind aufgeschlossen für die Themen, die dieser im Gespräch einbringt. Lassen Sie sich im Gespräch von Ihrem Gegenüber und seinen Geschichten berühren. Hier steht der Wert der „Aufgeschlossenheit" im Zentrum.

3. *Eine sorgende Beziehung aufnehmen oder zulassen*
   Über einen achtsamen Umgang mit dem Gesprächsinhalt formt sich im Kontakt eine Beziehung zum Gegenüber. Diese sich entwickelnde Sorge-Beziehung ist konstitutiv für die Fortsetzung des Dialogs. Während ihr Gegenüber

den Kontakt jederzeit abbrechen kann, bleiben Sie konstant in Ihrem Gesprächsangebot. Der dazugehörige Wert ist „achtsames Beteiligtsein".

4. *Sich abstimmen (lassen)*
   Knüpfen Sie im Gespräch an dem an, was Ihr Gegenüber einbringt und wie er es einbringt. Informieren Sie sich über das soziale Netzwerk (Familie und Freunde etc.) und arbeiten Sie wo möglich mit diesen Personen zusammen. Bewerten Sie das Gesagte nicht, sondern erkennen Sie die Bedeutung des Erzählten für ihr Gegenüber. Als relevanter Wert wird hier „Bestätigung" genannt.

5. *Sich hineinversetzen (lassen)*
   Versetzen Sie sich in die Lebenswelt Ihres Gegenübers. Was ist in der Welt des anderen bedeutsam? Versuchen Sie, die innere Vernunft und Logik der Lebenssituation Ihres Gesprächspartners zu verstehen und seine Position mit zu vertreten. Erklären Sie sich solidarisch mit ihrem Gegenüber. Die Würde, das Leiden, die Bedürfnisse, die Emotionen der betroffenen Person sind reell und werden akzeptiert. Hier geht es um den Wert der Solidarität.

6. *Die andere Person über die Art von Hilfe entscheiden lassen*
   Ihr Gegenüber entscheidet in der Versorgungsplanung so, wie es den eigenen Wünschen und Vorstellungen entspricht. Als Gesprächsbegleiter bieten Sie Ihre fachliche und soziale Kompetenz bei der Beratung über Behandlungspräferenzen und bei der Erstellung der gewünschten Dokumente an. Ihr Handeln und Ihre Aussagen können ihrem Gegenüber als Beispiel dienen, in einer anderen Art und Weise im Leben zu stehen und z.B. mit schwierigen Fragen umzugehen. Hier sind die Werte „Sinn und Bedeutung" relevant.

7. *Sich Zeit nehmen und Zeit geben*
   Geben Sie sich und Ihrem Gegenüber Zeit zum Sprechen und Nachdenken. So können Dinge zum Vorschein kommen, die möglicherweise passend und angemessen sind. Dabei bestimmt vor allem Ihr Gegenüber die Richtung des Gesprächs. Da in den Gesprächen zur gesundheitlichen Versorgungsplanung Themen angesprochen werden, die möglicherweise bisher verdrängt oder weggeschoben wurden (z.B. Umgang mit Sterben und Tod), benötigen die meisten Menschen Zeit zur Auseinandersetzung mit der Thematik. Lassen Sie Raum zum Nachdenken. Setzen Sie sich nicht unter Druck, am Ende eines Gesprächs immer eine fertige Vorausverfügung oder Notfallplanung erstellt zu haben. Im Vordergrund steht hier der Wert der „Angemessenheit".

8. *Sich der anderen Person (voraussetzungslos) widmen*
   Hier wird vorgeschlagen, dass Gesprächsbegleiter zuverlässig und vertrauenswürdig sind und bereit, immer wieder den Gesprächsprozess aufzunehmen. Die Gespräche mit Bewohnern sind nicht an Bedingungen geknüpft. Hier geht es um den Wert der „Treue".

9. *Sich in Frage (stellen) lassen*
   Lassen Sie sich von ihrem Gegenüber Rückmeldung geben, ob dieser Ihr Gesprächsangebot als angemessene Hilfe und Begleitung (im Sinne von „good care") wahrgenommen hat. Dabei geht es um den Wert des „erfahrenen Nutzens".

10. *Sich in die öffentliche Debatte einmischen oder hineinziehen lassen*
    Mischen Sie sich im Sinne von Advocacy (Anwaltschaft übernehmen) in die aktuelle Debatte um die gesundheitliche Versorgungsplanung ein. Sprechen Sie offen über die erlebte Situation mit den Bewohnern, deren Bedürftigkeit und den vorliegenden Problemstellungen. Hier geht es um den Wert der „Demokratie als fürsorgliche Praxis" (Timmermann, Baart 2016, S.199–201).

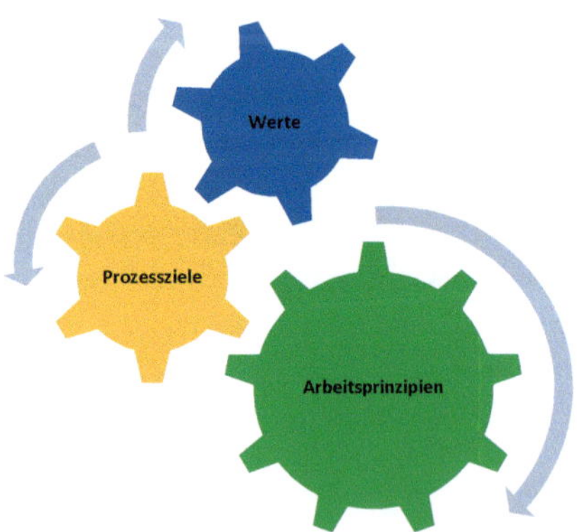

Abbildung 4: Vernetzung der Inhalte in der präsentischen Herangehensweise.

3.6 Der Gesprächsprozess

Wie bereits begründet sind allgemeine Gespräche zur gesundheitlichen Versorgungsplanung nicht allein der Aufgabenbereich der ausgebildeten Gesprächsbegleiter. Die im §132g SGB V beschriebenen Gespräche sind als Teil eines palliativen Gesamtkonzepts zu sehen, in dem Bewohner über verschiedene Möglichkeiten der Beteiligung die Gestaltung ihres letzten Lebensabschnitts planen und umsetzen können. Innerhalb der Gemeinschaft einer Einrichtung bedarf es daher einer Gesprächskultur, die es den Bewohnern ermöglicht, jederzeit die Themen ansprechen zu können, um die sie sich aktuell sorgen.

Um dies zu ermöglichen, sind alle Mitarbeiter zu sensibilisieren, den Gesprächsbedarf von Bewohnern zu erkennen. Gespräche zur gesundheitlichen Versorgungsplanung können den Bewohnern dann als weiteres Angebot offeriert werden. Vertiefende Gespräche zur gezielten Beratung und Dokumentation der Wünsche und Bedürfnisse werden nur von ausgebildeten Gesprächsbegleitern durchgeführt, da diese auf Basis ihres Fachwissens und ihrer formalen Qualifikation einer Weiterbildung zum Gesprächsbegleiter auf mögliche Problemstellungen in der Versorgungsplanung hinweisen können. Zudem sind geschulte Gesprächsbegleiter in der Dokumentation der Versorgungsplanung geübt und wissen, wie konkret die Versorgungswünsche festgehalten werden müssen.

Um die Bewohner auch in fachlicher Hinsicht umfassend informieren und beraten zu können, sieht der Gesetzgeber die Möglichkeit, Fallbesprechungen anzubieten. Hier können je nach Bedarf Pflegefachkräfte, Hausärzte, Fachkräfte aus der Palliativversorgung usw. zum Gespräch hinzugezogen werden.

Um Bewohner und Angehörige über das bestehende Angebot einer Gesprächsbegleitung zu informieren, haben sich Informationsbroschüren oder Informationsabende als sinnvoll erwiesen. Im Idealfall melden die Bewohner von sich aus Gesprächsbedarf an. Wenn dies nicht der Fall ist, werden die Bewohner aufgesucht und es wird ihnen ein Gesprächsangebot unterbreitet. Die bisherigen Erfahrungen in der Schulung von Gesprächsbegleitern haben gezeigt, dass es sinnvoll ist, den **Gesprächsverlauf in drei Schritte** zu unterteilen. Im Folgenden wird der Idealfall des Ablaufs eines solchen Gesprächsprozesses skizziert. Wir weisen jedoch darauf hin, dass der Gesprächsprozess immer auf die individuellen Bedürfnisse des Bewohners abgestimmt werden muss.

Das Kontaktgespräch

Der Bewohner wird in seinem Wohnbereich aufgesucht und um Zeit für ein ca. zehnminütiges Gespräch gebeten. Willigt der Bewohner ein, kann das Angebot einer Gesprächsbegleitung für eine gesundheitliche Versorgungsplanung vorgestellt werden. Wenn sich Bewohner und Gesprächsbegleiter nicht kennen, sind die ersten Worte im Kontakt sorgsam zu wählen. Ziel ist zunächst, eine Vertrauensbasis aufzubauen und eine positive Gesprächsatmosphäre herzustellen. Das Gespräch muss situativ und individuell angepasst werden.

Möglicherweise gibt es bereits erstellte Dokumente. Hier muss geklärt werden, ob diese gemeinsam auf deren Aussagefähigkeit und Aktualität geprüft werden sollen. Zudem ist zu sichern, dass die Aussagen aus den bereits erstellten Dokumenten innerhalb der Einrichtung transparent gemacht werden bzw. eine Abschrift der Dokumente in der Patientenakte hinterlegt wird.

Falls noch keine Vorausverfügungen getroffen wurden, ist es sinnvoll zu erläutern, welche Dokumente gemeinsam erstellt werden können:
a) Benennung einer Person, die eine Entscheidungsvollmacht erhält,
b) Erstellung einer Vorausverfügung für den Fall der Urteilsunfähigkeit,
c) Erstellung eines Notfallbogens für den Akutfall.

Sollte sich der Bewohner auf Basis der erhaltenen Informationen für ein weiteres Gespräch entscheiden, dann sollten folgende Aspekte bereits vorher geklärt werden:
- Sollen weitere Personen zum Gespräch eingeladen werden (Angehörige, soziale nahestehende Personen, Hausarzt, palliativ Fachkräfte)?
- Wann soll das Gespräch stattfinden?
- Wo soll das Gespräch stattfinden?
- Kann bereits gesagt werden, welche Dokumente ausgefüllt werden?

Die Begleitperson spricht mit dem Bewohner ab, wer welche Personen zum Gespräch einlädt und organisiert im Bedarfsfalle einen Raum für das Gespräch. Sollte für den Bewohner bereits ein gesetzlich bestimmter Vertreter benannt sein, so ist dieser zum Gespräch einzuladen.

Beratungsgespräche

Beim zweiten Treffen (und weiteren Gesprächen) könnte der inhaltliche Ablauf wie folgt aussehen:
- Vorstellung der Anwesenden (falls mehrere Personen anwesend sind)
- Zielsetzung des Gesprächs im Sinne des Bewohners erläutern
- Fakten erfassen – besteht bereits eine Patientenverfügung, Vollmacht usw.?
- Bedürfnisse und Wünsche bzgl. medizinisch, pflegerischer Behandlung sowie psychosoziale Aspekte für den Fall einer Urteilsunfähigkeit erfassen. Hierzu stehen verschiedene Leitfragen und Assessmentbögen zu Verfügung (siehe Anhang).
- Der Bewohner wird im Gespräch über verschiedene Behandlungsoptionen mit den jeweiligen Konsequenzen informiert.

- Im Bedarfsfalle können mit dem Bewohner die verschiedenen Optionen sowie deren Vor- und Nachteile (i.S.v. Shared Decision-Making) abgewogen werden.
- Ängste und Sorgen von Bewohner und nahestehenden Personen werden aufgenommen und thematisiert.
- Es wird geklärt, ob ein weiterer Termin erforderlich ist. Wenn nicht, kann ein nachbereitendes Gespräch terminiert werden.
- Der Gesprächsbegleiter dokumentiert das Gespräch bzw. die Ergebnisse. Abschließend wird besprochen, welche Art von Dokumenten erstellt werden sollen.

Das nachbereitende Gespräch

In diesem Gespräch werden die vom Gesprächsbegleiter erstellten Dokumente mit dem Bewohner besprochen und überprüft, ob die dokumentierten Aussagen dem geäußerten Willen des Bewohners entsprechen. Falls dem so ist, werden die Dokumente vom Bewohner unterschrieben und sind somit gültig.

Abschließend sollte besprochen werden, ob weitere Gespräche gewünscht sind, falls sich die persönliche oder gesundheitliche Situation verändert. Der Bewohner erhält Informationen, wo und wie die dokumentierten Aussagen abgelegt sind.

Gespräche zur Überprüfung der Aktualität des Versorgungsplans

Die Präferenzen dessen, was einem Menschen in der aktuellen Situation wichtig oder unwichtig ist, können sich immer wieder verändern. Aus diesem Grund ist es sinnvoll, in Abständen nachzufragen, ob erneuter Gesprächsbedarf hinsichtlich der gesundheitlichen Versorgungsplanung besteht. Insbesondere dann, wenn sich die Gesundheitssituation verschlechtert hat und kein Notfallbogen erstellt wurde.

Innerhalb der Einrichtung sollte darüber nachgedacht werden, wie die interne Kommunikation strukturiert sein muss, damit der Gesprächsbegleiter erfährt, wenn sich die Situation eines Bewohners wesentlich verändert hat und wie der Evaluationszeitraum für alle Versorgungsplanungen definiert ist.

Dilemma-Situationen bei nicht urteilsfähigen Bewohnern – ethische Fallbesprechung

Auch wenn ein Bewohner seine Behandlungswünsche vorab definiert hat, können Situationen eintreten, in denen die vorausverfügten Pflege- und Behandlungspräferenzen in einer Situation nicht eindeutig erkennbar sind. In solchen Fällen entscheidet die rechtliche Betreuungsperson im Sinne des Betroffenen.

Treten jedoch Dilemma-Situationen auf, in denen es offenbar keine „gute“ Handlungsoption mehr gibt, kann innerhalb einer ethischen Fallbesprechung die bestmögliche Handlungsoption im Sinne des Betroffenen besprochen werden.

Fallbeispiel

Frau Schuler ist hochgradig dement und leidet an einem Diabetes Typ II. Sie bewegt sich sehr viel im Wohnbereich und mag es offenbar, mit Menschen in Kontakt zu sein. Seit einiger Zeit hat sie ein Gangrän am rechten Unterschenkel. Für die behandelnden Ärzte zeigt sich die Indikation einer Unterschenkelamputation, sie haben jedoch gleichzeitig die Sorge, dass Frau Schuler die Belastungen einer Narkose und den Klinikaufenthalt nicht überleben könnte. Frau Schuler ist urteilsunfähig. Sie hat vor einigen Jahren eine Patientenverfügung und eine Notfallplanung erstellt, doch diese geben leider keine Hinweise, wie in der vorliegenden Situation gehandelt werden soll.

Die Situation beschreibt eindrücklich ein ethisches Dilemma. Wie soll die betreuende Person entscheiden? Wird einer Operation zugestimmt, besteht das Risiko, dass Frau Schuler an den Folgen der OP verstirbt. Wird einer Operation nicht zugestimmt, verstirbt Frau Schuler in absehbarer Zeit an den Folgen des Gangräns. Beide Handlungsoptionen sind also als „nicht gut“ zu bewerten. Dennoch muss eine Entscheidung getroffen werden.

Wir empfehlen in solchen und ähnlichen Situationen die Durchführung einer ethischen Fallbesprechung, in der der mutmaßliche Wille einer betroffenen Person zu einer konkreten Fragestellung eruiert wird. Die ethische Fallbesprechung wird von einem ausgebildeten Moderator organisiert und geleitet. Es werden Personen, die den Betroffenen gut gekannt haben, zum Gespräch eingeladen. Dies kann die Hausärztin sein, Kinder, Bezugspflegeperson, gesetzlicher Betreuer usw. Gemeinsam wird anhand einer vorgegebenen Gesprächsstruktur der mutmaßliche Wille des Betroffenen erarbeitet. Dabei achtet der Moderator sehr darauf, dass die eingeladenen Personen nicht ihre Behandlungspräferenzen benennen, sondern die Sichtweise und die Haltung der betroffenen Person zu einer Situation beschreiben. So kann sich die Gruppe einer Entscheidung in der vorliegenden Situation annähern.

Der große Vorteil der ethischen Fallbesprechung liegt darin, dass die zunächst eher medizinisch-therapeutisch wirkende Fragestellung auf die Lebenssituation des Betroffenen übertragen und im weiteren Verlauf besprochen wird, welche Handlungsoption am ehesten den Werten und Vorstellungen der betroffenen Person entspricht.

Hierzu können alle Anwesenden ihre Perspektive einbringen. Weitere Vorteile einer ethischen Fallbesprechung sind, dass das Gespräch moderiert und strukturiert wird, alle Teilnehmer gleichberechtigt am Diskurs teilnehmen, alle Sorge tragen, den Willen des Betroffenen bestmöglich zu eruieren und die Entscheidung letztendlich gemeinsam getroffen und getragen wird.

Die Übersicht auf der nächsten Seite macht deutlich, mit welcher Haltung die einzelnen Akteure am Gespräch teilnehmen sollten. Auch wenn die betroffene Person am Gespräch nicht beteiligt ist (da sie in der Situation urteilsunfähig ist), wird deren Position von allen Gesprächsteilnehmern berücksichtigt. Es wäre zu wünschen, dass sich ethische Fallbesprechungen reduzieren, wenn im Vorfeld Gespräche zur gesundheitlichen Versorgungsplanung stattgefunden haben und der Wille des Bewohners schriftlich differenziert vorliegt.

In Dilemma-Situationen entscheiden: Durchführung einer ethischen Fallbesprechung		
Perspektive des Bewohners	**Perspektive der Angehörigen/ nahestehende Person**	**Perspektive der Beratungs-/ Begleitperson, Hausarzt etc.**
Ethische Prinzipien: ❖ Recht auf Autonomie/ Selbstbestimmung	*Ethische Prinzipien:* ❖ Autonomie/Selbstbestimmung des Betroffenen wahren ❖ Gutes tun/Fürsorge ❖ Nicht schaden	*Ethische Prinzipien:* ❖ Autonomie/Selbstbestimmung des Betroffenen wahren ❖ Gutes tun/Fürsorge ❖ Nicht schaden
Welche Aussagen über bedeutsame Werte, Lebensqualität, Behandlungswünsche usw. sind vom Bewohner aus der Zeit vor seiner Urteilsunfähigkeit bekannt? Gibt es aktuelle (non-)verbale Äußerungen zur Situation?	Interpretation des mutmaßlichen Willens aus Sicht einer nahestehenden Person	Interpretation des mutmaßlichen Willens aus professioneller Sicht

Tabelle 6: Perspektiven in einer ethischen Fallbesprechung.

3.7 Dokumentation und Ablage der gesundheitlichen Versorgungsplanung

Während die Durchführung des Gesprächs sich eng an der individuellen Situation des Betroffenen orientiert, sollte die Dokumentation der Vorausverfügung und deren Ablage in der Einrichtung klar geregelt sein.

Damit sich alle an der Pflege und Betreuung beteiligten Personen über die Wünsche und Bedürfnisse eines Bewohners informieren können, ist es sinnvoll, über die handlungsrelevanten Aussagen des Betroffenen bei Besprechungen zu informieren. Überdies sollten dokumentierte Entscheidungen zur weiteren gesundheitlichen Versorgung an exponierter Stelle schnell zugänglich sein, damit sich im Handlungsfalle alle Beteiligten informieren können. Bei Verlegung des Bewohners in eine andere Einrichtung ist es erforderlich, die Vorausverfügung weiterzuleiten. Besonders bei der Dokumentation des Notfallbogens ist eine schnelle Zugänglichkeit erforderlich.

Hierbei ist es sinnvoll, vorab in einem Netzwerk von verschiedenen Versorgungseinrichtungen zu besprechen, wie die beteiligten Akteure schnell über die dokumentierten Entscheidungen der Bewohner informiert werden können. Es hat sich bewährt, gerade bei der Auswahl des Notfallbogens innerhalb einer Region einheitlich vorzugehen. Dies erleichtert die Zusammenarbeit aller Beteiligten in Altenpflegeheimen, Notfalldiensten und Kliniken.

3.8 Fragen und Herausforderungen in der praktischen Umsetzung der Gespräche zur gesundheitlichen Versorgungsplanung

Teilnehmende der Qualifizierungen zum Gesprächsbegleiter für die gesundheitliche Versorgungsplanung haben neben vielen positiven Erfahrungen auch Sorgen und Bedenken geäußert. Wir haben versucht, die wichtigsten Aspekte zu sammeln und (basierend auf den praktischen Erfahrungen und Erkenntnissen der Weiterbildungsteilnehmer) Antworten darauf zu geben.

- *Sollen alle Bewohner aktiv aufgesucht werden?*
  Zunächst ist es sinnvoll, Bewohner und Angehörige allgemein zu informieren, dass es ein solches Angebot in der Einrichtung gibt. Hier bieten sich Informationsabende an oder die Verteilung von Flyern mit entsprechenden In-

formationen. Die Erfahrung zeigt, dass ein geringer Anteil der Bewohner daraufhin bereits ein Gespräch einfordert. Offenbar handelt es sich dabei um Bewohner, die sich schon lange mit dem Gedanken getragen haben, wichtige Entscheidungen über die Gestaltung ihres Lebens mitzuteilen und zu dokumentieren.

Der weitaus größere Anteil der Bewohner meldet von sich aus keinen Gesprächsbedarf an. Es handelt sich vor allem um Bewohner, deren Gesundheitszustand aktuell noch stabil ist. Hier ist es notwendig, die Bewohner aufzusuchen und ein entsprechendes Gesprächsangebot zu unterbreiten. Der Bewohner kann weitere Kontakte und Gespräche ablehnen.

- *Muss jeder Bewohner ein Gespräch zur gesundheitlichen Versorgungsplanung führen?*

  Nein, die Inanspruchnahme ist freiwillig. Das Angebot für ein Gespräch ist jedoch jedem Bewohner zu unterbreiten. Auch nach einer erstmaligen Ablehnung kann der Bewohner zu einem späteren Zeitpunkt ein Gespräch einfordern.
- *Darf ich mich mit dem Thema den Bewohnern zumuten?*

  Allein schon das Angebot zu einem Gespräch über die Gestaltung der letzten Lebensphase kann bei Bewohnern Ängste und Befürchtungen auslösen. Ob die Bewohner die Gesprächsangebote als positiv oder belastend einschätzen hängt offenbar stark davon ab, wie die Themen angesprochen werden. Bei Personen, die nicht akut erkrankt sind, ist es sinnvoll, eher darüber zu sprechen wie die Lebensqualität aktuell bewertet wird bzw. wie diese verbessert bzw. erhalten werden kann[4]. Möglicherweise werden so im Gespräch vom Bewohner auch Aspekte benannt, durch die die eigene Lebensqualität deutlich reduziert würde. Diese Aspekte können aufgegriffen und mögliche Konsequenzen für die weitere Versorgungsplanung erfasst werden. Wir sind der Meinung, dass sensible Gespräche zur gesundheitlichen Versorgungsplanung durchaus zumutbar sind, weil es nicht nur um die Gestaltung der Sterbephase geht, sondern vielmehr auch darum, was getan werden kann um die Lebensqualität so lange und ausgeprägt wie möglich zu erhalten.
- *Sollen die Gespräche zur Versorgungsplanung direkt nach Einzug angeboten werden?*

  Wir erachten es als sinnvoll, den Bewohnern die Gespräche nicht direkt nach dem Einzug zuzumuten, sondern abzuwarten, bis die Bewohner sich in der neuen Umgebung vertraut und heimisch fühlen.

4 Es ist belegt, dass die wahrgenommene Lebensqualität durch zunehmendes Alter nicht automatisch sinkt. Allerdings können bestehende Rahmenbedingungen (Tagesstruktur, Wohnsituation etc.) die empfundene Lebensqualität enorm einschränken.

- *Inwiefern ist ein Gesprächsleitfaden verbindlich einzusetzen?*
  Für die Gespräche in der gesundheitlichen Versorgungsplanung wurden inzwischen verschiedene Gesprächsleitfäden entwickelt (siehe weiterführende Adressen im Anhang). Sie dienen vor allem dazu, die Gespräche vorzubereiten und können im Gespräch hilfreich sein, um zu prüfen, ob alle relevanten Themen angesprochen wurden. Es empfiehlt sich allerdings nicht die einzelnen Aspekte während des Gesprächs „abzuarbeiten“. Im Sinne der Achtsamkeit ist es vielmehr bedeutsam, dem Gegenüber aktiv zuzuhören! Nehmen Sie bei Ihrem Gegenüber Wünsche und Bedürfnisse, aber auch Sorgen und Bedenken „zwischen den Zeilen“ wahr und gehen Sie darauf ein.
- *Müssen wir alle Wünsche und Bedürfnisse der Bewohner erfüllen?*
  Immer wieder bestehen Unklarheiten darüber, wie weit die moralische Verpflichtung von Angehörigen und Betreuungspersonen geht, die Wünsche und Bedürfnisse in der Versorgungsplanung am Lebensende zu erfüllen. Beispiel:
  - Herr M. würde gerne (ehe er stirbt) nochmals seinen Sohn sehen und sich mit ihm versöhnen …
  - Frau S. möchte, dass ihre beiden besten (gehbehinderten) Freundinnen an ihrer Beerdigung teilnehmen können …

  Ist es Aufgabe des betreuenden Umfelds dafür zu sorgen, dass Herr M. nochmals seinen Sohn treffen kann? Müssen Sie organisieren, dass die Freundinnen von Frau S. zur Beerdigung kommen können? Wie weit reicht die Verantwortung der Gesprächsbegleitung? Die Antwort ist „Nein“. Es ist nicht zwingend Ihre Aufgabe. Wenn Ihre zeitlichen und personellen Ressourcen es aber zulassen, wäre es im Sinne der Fürsorge sehr positiv zu bewerten, wenn Sie in dieser Hinsicht aktiv werden.
- *Wie lange dauert ein Gesprächsprozess?*
  Dies hängt davon ab, inwiefern eine Person bereits Klarheit darüber hat, welche Maßnahmen am Ende ihres Lebens eingeleitet bzw. nicht eingeleitet werden sollen. Wir verstehen die gesundheitliche Versorgungsplanung nicht als einmaliges Angebot. Es ist vielmehr eine Begleitung in einem Prozess, der dazu führen soll, sich der eigenen Wünsche und Bedürfnisse bezüglich der letzten Lebensphase bewusst zu werden.
- *Wie oft müssen diese Gespräche durchgeführt werden?*
  Hierzu gibt es noch keine Erfahrungswerte. Es kann sinnvoll sein, im nachbereitenden Gespräch anzufragen, ob und wann ein weiteres Gespräch stattfinden soll. Menschen verändern sich, machen neue Erfahrungen und schätzen ihre Situation und die empfundene Lebensqualität immer wieder neu ein. Es wird daher empfohlen, dass nach jedem akuten Gesund/- Krankheitsereig-

nis die bereits definierte Versorgungsplanung auf deren weitere Gültigkeit hin überprüft wird.

- *Wie gehe ich mit vertraulichen Informationen um?*
  Immer wieder berichten Gesprächsbegleiter, dass Sie von Bewohnern vertrauliche Informationen erhalten, die sie nicht an andere Personen weitergeben dürfen. Dies ist zu akzeptieren. Sollten es jedoch Informationen sein, die die weitere gesundheitliche Versorgung betreffen, sollte dies mit dem Bewohner besprochen werden. Die Umsetzung der Versorgungswünsche des Bewohners ist kaum möglich, wenn diese nicht offen kommuniziert werden dürfen.
- *Wie zeitnah sollen die Gespräche dokumentiert werden?*
  Es empfiehlt sich, das Beratungsgespräch möglichst direkt nach dem Gespräch zu dokumentieren. Zum einen, weil die Informationen noch gut in Erinnerung sind und dadurch leichter und differenzierter dokumentiert werden können. Zum anderen, weil Notfälle jederzeit auftreten können und es hilfreich ist, wenn die Informationen allen zur Verfügung stehen.
- *Wie viele Gespräche kann ich an einem Tag durchführen?*
  Im Sinne der präsentischen Herangehensweise erfordert die Durchführung eines Beratungsgesprächs viel persönliches Engagement. Um sich auf jeden Bewohner und dessen individuelle Situation entsprechend einlassen zu können, empfehlen wir, nicht mehr als zwei Gespräche pro Tag zu führen.
- *Ich erlebe immer wieder, dass Bewohner das Beratungsangebot als allgemeines Gesprächsangebot verstehen und sich mit mir gerne unterhalten möchten.*
  Ja, viele Bewohner wünschen sich mehr Kommunikation und soziale Kontakte in ihrem Lebensalltag. Es ist verständlich, dass Gesprächsbegleiter zur gesundheitlichen Versorgungsplanung diese Lücke nicht füllen können und sollen. Wir empfehlen jedoch eine enge Zusammenarbeit mit den weiteren Mitarbeitern, die den entsprechenden Bewohner betreuen. Eventuell bestehen andere Möglichkeiten, den Bewohner im Alltag mehr einzubeziehen und soziale Kontakte zu ermöglichen. Solche Informationen können ebenso als Hinweis für die weitere Versorgungsplanung gesehen werden.
- *Ich habe in Gesprächen bemerkt, dass Angehörige versuchen, den Bewohner in seiner Entscheidung zu beeinflussen. Wie soll ich damit umgehen?*
  Es ist verständlich, dass Angehörige z.B. aus Sorge möglicherweise mehr medizinische Behandlung einfordern würden, als dies der Bewohner möchte. Im Sinne von „Advocacy“[5] sehen wir Gesprächsbegleiter in der Rolle der „Anwaltschaft“ des Bewohners. Sie unterstützen und begleiten den Bewohner in der Wahrung seiner Interessen.

5 Advocacy = Befürwortung, Eintreten, Fürsprache

- *Wie verhalte ich mich, wenn Bewohner Unterstützung bei einem assistierten Suizid wünschen?*
  Aus rechtlicher Sicht ist die Assistenz bei einem Suizid in Deutschland nach wie vor problematisch. Es gibt immer wieder Bewohner, die darum bitten, Unterstützung zu erhalten, um ins Ausland gebracht zu werden, wo ein assistierter Suizid einfacher möglich ist (z.B. in die Schweiz). Diese Frage ist in der Einrichtung übergeordnet zu klären. Es gilt zu prüfen, ob dies im Sinne der Trägerschaft ist bzw. ob eine solche Handlung dem eigenen Leitbild entspricht.

4 Qualitätsgeleitete Implementierung der gesundheitlichen Versorgungsplanung

„Ein Beispiel zu geben
ist nicht die wichtigste Art,
wie man andere beeinflusst.
Es ist die einzige.“
Albert Schweitzer

Die Bundesarbeitsgemeinschaft Hospiz e.V. hat 2005 Indikatoren und Empfehlungen zur Hospiz- und Palliativkompetenz in Pflegeheimen veröffentlicht (Bundesarbeitsgemeinschaft Hospiz 2005). Die dort definierten Themenbereiche bzw. Indikatoren sollen die Implementierung einer bewohnerorientierten (Sterbe-)Begleitung nach hospizlichen und palliativen Ansätzen in Altenpflegeheimen unterstützen, die getragen ist von Reflexion, Kommunikation, einer definierten Konzeption, von Führung und einer nachhaltigen Organisationsentwicklung.

Die folgenden Ausführungen orientieren sich an dem Grundgerüst der oben benannten Empfehlungen. Verändert und erweitert wurde dieses Grundgerüst durch relevante Aspekte aus den zuvor in Kapitel 2 dargelegten Forschungsergebnissen zur gelingenden Implementierung von Palliative Care in Altenpflegheimen und den Aspekten aus der Vereinbarung zu § 132g Abs. 3 SGB V. Die Konzepte Palliative Care und Advance Care Planning sollen aufeinander bezogen sein und sich gegenseitig in ihrer Wirkung unterstützen.

Die Themen- und Fragenkomplexe sind als „Indikatoren“ benannt und zeigen mit den dazugehörigen Fragen die Intensität der Beschäftigung mit dem Thema und seiner Umsetzung auf. Jeder Altenpflegeeinrichtung steht in der Verantwortung und Freiheit zu entscheiden, ob zum jetzigen Zeitpunkt die GVP qualitätsvoll eingeführt und angeboten werden kann.

Indikator: GVP ist in Leitlinien zu finden

Ein Leitbild beschreibt die Mission, die Ziele und Aufgaben sowie die Grundhaltung und Werte, für die sich der Träger verpflichtet hat. Damit wird es zum Ausgangspunkt und zur Basis für das Handeln aller Mitarbeitenden in einem Altenpflegeheim. Leitlinien in den Altenpflegeeinrichtungen geben Orientierung und beschreiben Qualität und Leistungsgeschehen nach innen und außen. Die Erfahrung zeigt, dass Leitbilder dann leiten, wenn die zugrunde gelegten Aussagen bis in das tägliche Handeln hinein operationalisiert werden können.

Für die gesundheitliche Versorgungsplanung am Lebensende bedeutet dies, dass das Leitbild auch konkret zu den Fragen der Palliative Care, dem Angebot und den Zielsetzungen der gesundheitlichen Versorgungsplanung und der Sterbebegleitung Auskunft gibt. Alternativ ist dies aber auch in einem eigens dafür verfassten Konzept beschrieben und veröffentlicht.

Fragen zur Überprüfung

- ? Hat sich der Träger ein Leitbild gegeben?
- ? Gibt es Aussagen zur palliativen Kultur im Leitbild?
- ? Ist das Gesprächsangebot zur GVP in den Leitlinien verankert?
- ? Ist eine ethisch basierte Grundhaltung zu dem Angebot der GVP im Leitbild erkennbar?
- ? Werden in weiteren öffentlichen Dokumenten Aussagen zur GVP gemacht (Hausprospekte, Homepage etc.?)

Indikator: GVP und Führung

Führung verantwortet eine wirkungsvolle Umsetzung, entscheidet über den richtigen Zeitpunkt zur Umsetzung und steuert den Kommunikationsprozess. Die Zielsetzung ist mit dem Träger der Einrichtung abgestimmt und die Führungsperson verantwortet die Politik der Umsetzung. Die Einführung von GVP benötigt ein klares Bekenntnis der Führung und den Willen, diese Prozesse qualitativ und mit Ressourcen in der Implementierung zu begleiten und für eine nachhaltige Umsetzung zu sorgen.

Die Klarheit zur Umsetzung der GVP und die erkennbare Motivlage der Führung, diese Prozesse zum Wohle der Bewohner einzuführen, unterstützt und fördert die Motivation der Mitarbeitenden (Vorbildfunktion von Führung). Die Mitarbeitenden dürfen spüren, dass dies ein wichtiges und bedeutsames Anliegen innerhalb der Strategie der Einrichtung, aber auch der Führungsperson selbst ist. Die Kultur der Einrichtung wird wesentlich davon beeinflusst.

Die Führungsperson handelt werteorientiert, verfolgt Visionen und Ziele und zeigt dabei Einsicht in das Machbare. Sie geht mit eigenem Bespiel voran und wirkt dabei positiv ansteckend und begeisternd. Idealerweise steht das eigene Verhalten in Einklang mit den persönlichen Werten und Überzeugungen. Dies gilt auch für jeden Mitarbeiter in seiner Verantwortung in der Organisation und für die, die im Projekt für die Einführung von GVP stehen.

Fragen zur Überprüfung:

- ? Ist die Entscheidung zur Einführung von GVP begründet und steht diese in Einklang mit den Werten der Organisation?
- ? Ist die Verantwortung der Führung im Prozess erkennbar?

- **?** Sind die Ressourcen zum Gelingen des Auftrags organisiert?
- **?** Können Führungspersonen ihr Verhalten entsprechend den Phasen eines Veränderungsprozesses anpassen und damit den Wandel unterstützen?
- **?** Gibt es Zeit und Raum für Austausch und Diskussion?
- **?** Sind die ausgewählten Gesprächsbegleiter die geeigneten Personen für diese Veränderungsprozesse?

Indikator: GVP als Implementierungsprojekt

Einrichtungen der Altenhilfe haben Erfahrungen mit Veränderungsprozessen. Gerade in den letzten Jahren sind viele Neuerungen, auch bedingt durch veränderte politische Rahmensetzungen, auf die Einrichtungen zugekommen. Nichtsdestotrotz ist jeder Veränderungsprozess eine Herausforderung, die auch eine strukturierte Implementierung und Verstetigung im Blick haben muss. Implementierungsprozesse gehen einher mit Lernprozessen (und damit oft mit Wissenszumutungen), mit veränderten Verantwortungs- und Kompetenzbereichen und mit neuen Rollen und Aufgaben.

Wird ein Veränderungsprozess als Projekt geplant, konzentrieren sich Aufmerksamkeit, Ressourcen und Energie auf das Projektthema. Für das Projektvorhaben sind folgende grundständige Themen zu bearbeiten und in weiteren Maßnahmen zu verankern:

1. **Kontext bzw. Ausgangslage:** Zahlen, Daten, Fakten, Stärken und Schwächen, Chancen und Risiken, relevantes Umfeld
2. **Projektanlass bzw. Projektbegründung:** Mittel- bis langfristiger Nutzen. Was ist der Sinn des Projektes?
3. **Was soll konkret erreicht werden?** Wie sieht der direkte Nutzen, der durch die Ergebnisse (Outcome) entsteht? Wie können wir den Projekterfolg messen?
4. **Wer ist beteiligt?** Interne und externe Beteiligte, Steuerung und Koordination, Projektstelle Projektteammitglieder und sonstige Projektbeteiligte, Netzwerkpartner.
5. **Wie können die Ziele erreicht werden?** Die Gesamtaufgabe wird in Teilaufgaben und Arbeitspakete strukturiert (Projektstrukturplan).
6. **Projektzeitplan:** Terminplan, Meilensteinpläne bzw. wesentliche Projektzeitpunkte, messbare (Zwischen-)Ergebnisse
7. **Wirtschaftlichkeit:** Kosten- und Ressourcenplanung (personell, finanziell, sachlich), Fragen der Refinanzierung (Anhang: Muster-Projektplan[1] zur eigenen einrichtungsindividuellen Weiterentwicklung)

1 Zum Download unter www.lambertus.de/GVP.

Fragen zur Überprüfung:

- ? Wird externe Unterstützung für das Implementierungsprojekt benötigt?
- ? Ist jetzt der richtige Zeitpunkt für das Projekt?
- ? Ist die Einführung der GVP als Implementierungsprojekt geplant?
- ? Bildet sich im Projektstrukturplan Leitungsverantwortung ab?
- ? Bildet sich in dem Projektstrukturplan Basisorientierung ab?
- ? Bildet sich in der Projektgruppe die Komplexität der Einrichtung ab?
- ? Ist die Projektgruppe interdisziplinär zusammengestellt?
- ? Sind wichtige Schlüsselpersonen in das Projekt eingebunden?
- ? Bildet sich in der Projektgruppe die relevante Umwelt ab?
- ? Sind für die Projektarbeit Ressourcen bereitgestellt (technisch, personell, finanziell)?
- ? Sind die Erfahrungen aus den bisherigen Implementierungsprojekten berücksichtigt (gelingende und hemmende Faktoren)?
- ? Sind die nötigen Qualifikationsvoraussetzungen für GVP vorhanden?

Indikator: Nachhaltigkeit

Die Einführung der GVP und damit auch die Weiterentwicklung der palliativen Kultur sind aufwändig, anspruchsvoll und benötigen zeitliche, persönliche und finanzielle Ressourcen. Die Aufmerksamkeit der Organisation richtet sich im Rahmen des Projektes auf die Einführung der GVP. All das, was zum Wohle der Bewohner sehr anspruchsvoll in der Organisation eingeführt wird, darf nicht flüchtig sein, sondern soll sich verstetigen. Dies ist oft der anspruchsvollste Vorgang in einer Einrichtung. Daher ist nach der Implementierungsphase auf den Prozess der Verstetigung zu achten und dieser mit geeigneten Maßnahmen zu begleiten. Einrichtungsverantwortliche können hier einen wesentlichen Beitrag leisten, indem sie z.B. Rückmeldungen und Feedback zu den Prozessen des GVP strukturiert einfordern. Idealerweise werden die Rückmeldungen gemeinsam reflektiert und immer wieder neu bewertet. Die systematisierten Rückmeldungen helfen, das neu eingeführte Gesprächsangebot im Hinblick auf dessen Zielsetzung zu reflektieren, ggf. Prozesse zu verändern oder neu aufzustellen. Zudem ist es sinnvoll, sich mit den Wohnbereichsleitungen (mittlere Führungsebene) regelmäßig über die neu eingeführten Expertenrollen, deren Ausgestaltung der Rolle und die Kooperation auszutauschen. In den bereits bestehenden Qualitätszirkeln, der regelmäßig stattfindenden Regelkommunikation in den Leitungsrunden oder in extra geplanten Auswertungstreffen sind die Erkenntnisse aus den GVP zu reflektieren und Qualitätskriterien zu entwickeln. Damit wird das Gesprächsangebot im Qualitätsmanagement verankert.

Die nachhaltige Implementierung kann auch durch definierte Strukturen unterstützt und gefestigt werden. Ein eigens benannter Koordinator, ein Hospiz- oder Palliativbeauftragter oder dazu eingerichtete Arbeitskreise zeigen auch nach außen, dass die GVP sowie die Entwicklung einer Palliativen Care Kultur in der Organisation verankert werden soll. Die in der Vereinbarung geforderte regionale und überregionale Vernetzung der Gesprächsbegleiter ist dazu hilfreich, da die Einrichtung dadurch neue Impulse erhält.

Fragen zur Überprüfung:

? Sind der Prozess der GVP und dessen Auswirkungen im Blick von Träger- und Leitungsverantwortlichen?
? Wie oft finden Austausch- und Reflexionsgespräche über die Durchführung des Angebotes statt?
? Gibt es auf Dauer angelegte Kommunikationsstrukturen?
? Taucht die Aufgabe der GVP im Organigramm auf (sichtbares Zeichen der Verankerung)?
? Findet eine regionale Vernetzung statt?

Indikator: Ethische Fallbesprechungen

Wird ein Bewohner urteilsunfähig und hat keine Dokumente zur gesundheitlichen Versorgung verfasst, kann in allgemeinen Fallbesprechungen der mutmaßliche Wille des Bewohners ermittelt werden. Stehen Entscheidungen für den urteilsunfähigen Bewohner an, die die Handelnden in eine Dilemma-Situation bringen, da es in der Situation keine „gute Lösung/Handlung" mehr gibt, kann eine ethische Fallbesprechung einberufen werden. Hier kann, geleitet durch einen ausgebildeten Moderator, die ethisch herausfordernde Frage in der Situation besprochen werden. Zur normativen Orientierung gelten die biomedizinischen Prinzipien:

- Autonomie
- Gutes tun
- Nicht schaden
- Gerechtigkeit

sowie das Leitbild der Einrichtung (Beauchamp & Childress 2008).

Zur ethischen Fallbesprechung werden alle Personen eingeladen, die den betroffenen Bewohner gut kennen (Hausarzt, Angehörige, Pflegende, Seelsorger etc.). Gemeinsam wird anhand einer vorgegebenen Gesprächsstruktur eine Entscheidung erarbeitet, von der alle Teilnehmer ausgehen, dass diese im Sinne des Betroffenen ist. Im Gespräch sind alle Teilnehmenden gleichberechtigt. Für die Wertschätzung der einzelnen Beiträge sorgt der Moderator. Die getroffene Entscheidung muss von allen mitgetragen werden können. Der Betreuer/Bevollmächtigte ist rechtlich nicht verpflichtet, die Entscheidung mitzutragen. Erfahrungsgemäß empfinden jedoch die verantwortlichen Personen die Durchführung der ethischen Fallbesprechung als Entlastung, da die Situation von mehreren Personen aus unterschiedlichsten Perspektiven betrachtet wird. Zudem kann im gemeinsamen Gespräch der mutmaßliche Wille des Betroffenen deutlicher ermittelt werden.

Fragen zur Überprüfung:

- ? Gibt es bereits ausgebildete Moderatoren für die ethische Fallbesprechung in der Einrichtung? Müssen Mitarbeiter ausgebildet werden?
- ? Soll mit externen Moderatoren für ethische Fallbesprechungen zusammengearbeitet werden?
- ? Sind alle Angestellte, Angehörige, Hausärzte, rechtliche Betreuer über das Angebot informiert?
- ? Ist in der Einrichtung klar, wie eine ethische Fallbesprechung beantragt wird?
- ? Zu welchen Themen und in welchen Situationen sind Fallbesprechungen nötig? Sollte dies ggf. im Vorhinein in der Organisation festgelegt werden (z.B. bevor eine PEG gelegt wird, bevor eine Fixierung beantragt wird)?
- ? Wie werden in der Einrichtung die Ergebnisse der Fallbesprechung dokumentiert und kommuniziert?
- ? Wie geschieht Qualitätssicherung? Es ist sinnvoll, regelmäßig zu überprüfen, wie oft und zu welchen Fragestellungen eine Fallbesprechung durchgeführt wird. Möglicherweise kann der Bedarf an Fallbesprechungen durch ein verbessertes Gesprächsangebot zur gesundheitlichen Versorgungsplanung reduziert werden.
- ? Wie geschieht Vernetzung und Austausch von Moderatoren für ethische Fallbesprechungen und ausgebildete Gesprächsbegleiter? Beide Funktionsträger sollten regelmäßig Informationen austauschen und sich gegenseitig auf wiederkehrende Problemstellungen hinweisen.
- ? Wenn es noch keine ethischen Fallbesprechungen gibt – wann und wie geschieht die Implementierung dazu?

Indikator: GVP und Öffentlichkeitsarbeit

Altenpflegeheime können den Bewohnern eine gesundheitliche Versorgungsplanung anbieten. Aktuell halten nicht alle Altenpflegeheime das Angebot zur Gesprächsbegleitung vor. Das Gesprächsangebot ist ein Qualitätsmerkmal und ist im Rahmen der Öffentlichkeitsarbeit sowohl nach innen als auch nach außen zu kommunizieren.

Des Weiteren zeigt eine stringente Kommunikation auch die Absicht der Einrichtung, sich stetig weiterzuentwickeln und den Bewohnern eine optimierte Versorgung anzubieten. Idealerweise wird ein zielgruppenorientiertes Informationskonzept dazu ausgearbeitet und umgesetzt. Dieses bezieht sich auf:

Bewohner, An- und Zugehörige und Betreuer
Für diese Zielgruppe können Flyer, Infokarten, Plakate und kurze Informationsveranstaltungen sowie ein kurzes Erklär-Video entwickelt werden. Einrichtungsleitungen und Gesprächsbegleiter können zielgruppenspezifische Kurzschulungen organisieren. Informationen zur Gesprächsbegleitung und die jeweilige Ansprechperson können der Homepage entnommen werden. Das Angebot zur Gesprächsbegleitung wird bereits bei Heimeinzugsgesprächen erwähnt.

Mitarbeitende und Auszubildende
Alle Mitarbeitenden erhalten eine Kurzschulung zur Sensibilisierung und zur Auskunfts- und Sprachfähigkeit gegenüber Bewohnern und Angehörigen. Entsprechendes Informationsmaterial liegt in jedem Wohnbereich dazu aus. Die Informationen sind auch Bestandteil der Einarbeitungskonzepte für neue Mitarbeiter.

Externe Kooperations- und Netzwerkpartner
Sie erhalten Informationen zum Gesprächsangebot und den dazu verwendeten Dokumenten und den hausinternen Verfahren. In eigens dafür gegründeten Netzwerktreffen wird das Angebot vorgestellt.

Kostenträger/Krankenkassen
Sie erhalten ein schriftliches Konzept.

Öffentlichkeit/Quartier
Es findet eine presserelevante Auftaktveranstaltung zum Projektstart statt. Informationsveranstaltungen und Schulungen zum Thema werden in dem hausinternen Fortbildungskalender erfasst und ggf. die Öffentlichkeit dazu eingeladen.

Fragen zur Überprüfung:

- **?** Wird die Öffentlichkeitsarbeit von der Leitung verantwortet?
- **?** Gibt es ein Budget für Öffentlichkeitsarbeit?
- **?** Ist die Öffentlichkeitsarbeit systematisch aufgebaut?
- **?** Bezieht die Öffentlichkeitsarbeit alle relevanten Zielgruppen mit ein?
- **?** Sind die Informationen zielgruppenspezifisch erstellt?
- **?** Unterscheiden die Informationen in Informationen für die Öffentlichkeit und die Fachöffentlichkeit/Kooperationspartner?
- **?** Sind die Informationen lesefreundlich und verständlich/barrierefrei?

Indikator: Evaluation

Die Einführung der GVP forderte einen Prozess der Organisationsentwicklung, der auf Veränderung der Praxis zielt. Im Rahmen der Organisationsentwicklung ist die Evaluation eine laufende Prozessreflexion. Die gesetzten Interventionen werden auf ihre gewünschten Wirkungen hin beobachtet.

Idealerweise werden in der Prozessbegleitung die zwei Formen der Evaluation kombiniert. Mit der formativen oder prozessbegleitenden Evaluation wird beobachtet, um ggf. nachzusteuern und den laufenden Prozess zu beeinflussen. Dabei lassen sich auch die hemmenden und fördernden Faktoren oder Einflüsse erfassen. Nachsteuerungen werden rechtzeitig möglich und der Prozess kann laufend optimiert werden. Mit der summativen Evaluation am Ende des Implementierungsprojektes gelingt die Erfolgskontrolle und damit kann die Nachhaltigkeit von Projekten überwacht werden. Neben den Prozesselementen können konkrete Ergebnisse/Inhalte der Gesprächsbegleitungen analysiert werden. Eine Einbindung in die Strukturen und Prozesse des einrichtungsinternen Qualitätsmanagements ist sinnvoll. Es kann mit bereits bekannten Methoden wie z.B. schriftliche und mündliche Befragung oder Analyse der Dokumente gearbeitet werden.

Fragen zur Überprüfung:

- ? Wird das hauseigene GVP-Konzept regelmäßig überprüft und weiterentwickelt?
- ? Gibt es im Rahmen vom Qualitätsmanagement Verfahrensanweisungen, die regelmäßig überprüft werden können?
- ? Werden die Inhalte der einzelnen Willensbekundungen und Patientenverfügungen in der Pflegeprozessplanung dokumentiert und evaluiert?
- ? Hat die Einrichtung Kenntnis über die Anzahl der Gespräche?
- ? Wird eine fortlaufende Statistik zu wichtigen Merkmalen geführt (z.B. Anzahl der Gespräche pro Bewohner, durchschnittliche Dauer und Häufigkeiten, Anlässe für die Gespräche wie z.B. nach Heimeinzug, nach gesundheitlichen Krisen, Kenntnis über die durchschnittliche Anzahl der Gesprächsteilnehmer bei den Fallbesprechungen, Besonderheiten).
- ? Wird die Anwendung und Umsetzung der Willensbekundungen geprüft?
- ? Wie schätzen die Mitarbeitenden die GVP als Beitrag zur Weiterentwicklung der hospizlich-palliativen Kultur ein?

Indikator: Bewohnerorientierung: Wünsche erfassen – erspüren – übersetzen

Das Herzstück der Begleitung ist das Gespräch, um die individuellen Vorstellungen und Bedürfnisse des Bewohners herauszufinden. Auf der eher „technischen" Gesprächsebene kann in einer Gesprächsbegleitung über Werte, Grundhaltungen und Ziele des Bewohners gesprochen und reflektiert werden. Auch können relevante, zukünftige, hypothetische Szenarien bzgl. der Diagnose, weiterer Erkrankungen, der bisherigen Pflegebedürftigkeit und der pflegerischen und medizinischen Versorgung erörtert werden.

Die Bewohnerorientierung ist als Konzept der Palliative Care zugrunde gelegt. Der Orientierungsrahmen für die Gestaltung der Lebensbedingungen sind die individuellen Bedürfnisse und Interessen. Daher ist die **zwanglose und non-direktive Annäherung an die subjektive Perspektive des Gegenübers ein wesentliches Qualitätsmerkmal.** Die jeweilige Lebenswelt oder Lebenswirklichkeit ist eine eigens, persönlich und kulturell geformte Sinnwelt. Um Zugang zu dieser eigenen Lebenswelt, zum „Fremdverstehen", zu bekommen, ist ein Perspektivenwechsel nötig. Bei kognitiv beeinträchtigten und nicht verbal kommunizierenden Menschen sind geeignete Methoden (und Materialien) zu entwickeln, um sich an deren subjektive Vorstellungen von einem „guten Leben" anzunähern.

Die präsentische Herangehensweise (siehe Kapitel 3) beschreibt eine Arbeitsgrundhaltung, in der die professionelle Person sich in die Lebenswelt ihres Gegenübers einlässt und vorurteilsfrei dem anderen Beistand und Unterstützung anbietet.

Werden die Bewohnerwünsche erfasst bzw. im eigentlichen Sinne „geborgen", so gilt es, diese mit dem Bewohner zu vergewissern bzw. rückzukoppeln (kommunikativ zu validieren). Ein achtsamer Gebrauch von Sprache und gut ausgearbeitete Dokumente helfen mit, das zu fassen, was die Anliegen des Bewohners sind und diese in handlungsleitende Informationen zu übersetzen. Die Bewohnerorientierung und die Mitarbeiterorientierung zeigen sich dabei als ein problembehaftetes Duo.

Fragen zur Überprüfung:

- ? Werden die Wünsche, Bedürfnisse und Vorstellungen des Bewohners bereits beim Heimeinzug erfasst?
- ? Werden sie im Rahmen des Pflegeprozesses laufend erhoben und dokumentiert?
- ? Wie gehen die Mitarbeiter mit den Bewohner- und Angehörigenwünschen im Alltag um?
- ? Wie gelingt es, die im Alltag in unterschiedlichen Kontexten geäußerten Bewohnerwünsche zu sichern?
- ? Hat der Gesprächsbegleiter genügend Spielräume (zeitlich/räumlich), um die passende Gesprächssituation auszumachen?
- ? Lassen die Dokumente Spielraum für individuelle Notizen?
- ? Werden die Gesprächsprotokolle in der Einrichtung im Hinblick auf Vielfalt in den Bewohnerwünschen analysiert/evaluiert?
- ? Gibt es ein Reflexionsangebot für Mitarbeiter zum Einüben des Perspektivenwechsels?
- ? Lädt die Einrichtung ein, eine Kultur der Vielfalt zu entwickeln (Fortbildung, Diskurse)?
- ? Gibt es Zeit und Raum für Austausch und Diskussion?

Indikator: Mitarbeiterorientierung: Führen – Begleiten – Unterstützen

Die Qualität der Einbindung der GVP steht und fällt mit den Mitarbeitern und ihren Überzeugungen und Haltungen zur GVP. Eine mitarbeiterorientierte Führung als Grundhaltung berücksichtigt die Erkenntnis, dass motivierte engagierte Mitarbeiter erfolgreicher sind. Mitarbeiter sind motiviert und engagiert, wenn ihre Grundbedürfnisse wie z.B. Anerkennung, Respekt, Wertschätzung, Vertrauen, Handlungsspielräume, sinnstiftende Tätigkeiten, Work-Life-Balance, angemessene Bezahlung und Perspektiven zur Weiterentwicklung an ihrem Arbeitsplatz berücksichtigt bzw. bereitgestellt werden.

In vielen Prozessen im Altenpflegeheim konkurrieren Mitarbeiter- und Bewohnerorientierung (z.B. Dienstplangestaltung, Arbeitsabläufe ...). Mitarbeiterorientierte Führung geht davon aus, dass eine hohe Bewohnerorientierung (externe Kunden) nur möglich ist, wenn man die interne Mitarbeiterorientierung, das Wachstum und die Wertschätzung im Blick hat und steigert. „Großartige" Mitarbeiter erbringen „großartige" Dienstleistungen.

Die Prozesse rund um die gesundheitliche Versorgungsplanung am Lebensende benötigen in der gesamten Organisation Mitarbeiter, die den Blick auf die Bedürfnisse der Bewohner haben und bereit sind, sich auf diese individuell einzulassen. Mitarbeiter sollen daher an ihrem Arbeitsplatz erfahren können, was es heißt, eine individuelle Würde zu besitzen, unverwechselbar und selbstbestimmt zu sein.

Die Autoren formulieren hier folgende These: Nur wenn Mitarbeiter selbst eine gelebte Orientierung und Mitarbeiterführung entlang ihren Bedürfnissen erleben, entwickeln sie die inneren Freiheiten und fachlichen Möglichkeiten, ihr Handeln gemäß einer Bewohnerorientierung auszurichten.

Fragen zur Überprüfung:

- ? Fühlen sich Mitarbeiter an ihrem Arbeitsplatz als Persönlichkeit wahrgenommen?
- ? Bekommen die Bedürfnisse der einzelnen Mitarbeiter in Gesprächen und Arbeitsgestaltung entsprechenden Raum?
- ? Werden die Ideen, Bedürfnisse und Vorstellungen der Mitarbeitenden zu den Prozessen der GVP erfasst und gewürdigt?
- ? Können Mitarbeiter ihre eigenen Positionen zu GVP benennen?
- ? Gibt es einen offenen Austausch zu den verschiedenen Perspektiven der GVP?
- ? Lebt die Einrichtung Vielfalt und lässt Spielraum für individuelle Vorlieben, Abneigungen und Fähigkeiten?
- ? Werden die Mitarbeiter in ihrer Arbeit, die geprägt ist durch die ständige Konfrontation mit Sterben und Tod, unterstützt, gefördert und gestärkt?
- ? Erhalten die Mitarbeiter Unterstützung in der Arbeitsorganisation und Gestaltung der Work-Life-Balance?
- ? Werden die spirituellen Bedürfnisse der Mitarbeiter berücksichtigt? Gibt es dazu Angebote zum Austausch und gibt es ein Angebot zur Supervision?

Indikator: Angehörige beteiligen

Angehörige von Bewohnern in der stationären Altenhilfe haben meist eine langjährige häusliche Pflegesituation gemeistert. Insbesondere Angehörige von Menschen mit Demenz haben eine eng mit dem Betreuten verwobene Situation erlebt, die oft rund um die Uhr von Verantwortung und Sorge geprägt war. Der Heimaufenthalt löst die häusliche Dyade auf: Bewohner, Angehörige und Mitarbeiter befinden sich nun in einer triadischen Beziehung. Der Heimaufenthalt beeinflusst auch Rolle und Funktion der Angehörigen gravierend. Erstrebenswertes (wie z. B. die Entlastung von der alltäglichen Pflegearbeit) mischt sich mit neuer Sorge und neuen Rollenanforderungen.

Die Idee, dass Angehörige wichtige Partner in der institutionellen Versorgung darstellen, sie bisherige soziale Beziehungen weiterführen können und Mitarbeiter unterstützen, wird in vielen Angehörigenkonzepten beschrieben. Aus Sicht des Altenpflegeheims ist Angehörigenarbeit als konzeptionelles Handeln einzuordnen und wird als Form der Kooperation verstanden. Die Kooperation mit Angehörigen von meist vulnerablen Personen zu gestalten, Angehörige zu beteiligen oder zu integrieren bzw. deren Mitwirkung zu fördern setzt voraus, dass dies dem Wunsch aller Beteiligten entspricht.

Im Sinne der GVP nehmen Angehörige eine anwaltschaftliche Funktion ein. In den Fallbesprechungen können sie auf Wunsch bzw. mit Zustimmung als Angehörige, ggf. Betreuer, Bevollmächtigte oder Vertrauenspersonen beteiligt werden.

Sie leisten damit einen wichtigen Beitrag zum Verstehen einer bewohnerbezogenen Lebensqualität und evtl. zur Klärung des mutmaßlichen Willens eines Bewohners für die Behandlung und Pflege. Bei selbstbestimmten Bewohnern können Angehörige als Begleitperson bei den Gesprächen dabei sein und die Situation unterstützend flankieren.

Fragen zur Überprüfung:

- **?** Gibt es in dem GVP-Konzept Aussagen zur Kooperation/Beteiligung von Angehörigen?
- **?** Werden Angehörige zu Informationsveranstaltungen eingeladen?
- **?** Werden Angehörige und Bezugspersonen zu den Gesprächen hinzugebeten?
- **?** Erhalten Mitarbeiter Unterstützung beim Erlernen und Einüben eines Perspektivenwechsels hin zu den Perspektiven der Angehörigen?
- **?** Achten die Gesprächsbegleiter sorgsam auf die selbstbestimmten Willensäußerungen der Bewohner, wenn Angehörige am Gespräch beteiligt sind?

Indikator: Interprofessionelle Zusammenarbeit

Unter interprofessioneller Zusammenarbeit (Zusammenarbeit mehrere Professionen/Berufe) werden Prozesse verstanden, die hierarchieübergreifend und multiperspektivisch gestaltet sind. Mit der interprofessionellen Zusammenarbeit verbindet sich die Idee, Synergieeffekte zu nutzen, praktische Probleme in der Bewohnerversorgung gemeinsam zu lösen und ein sonst geteiltes/verteiltes Wissen zu bündeln und verteilte Kompetenzen zusammenzuführen. Dabei entstehen mehrere Perspektiven auf den Bewohner, die dazu führen sollen, die Lebens- und Versorgungsqualität zu stärken.

Ziel ist ein partnerschaftliches und rollenspezifisches Miteinander der Professionen in der beruflichen Praxis. Dabei geht es um den Austausch von Wissen und Erfahrung und um die gegenseitige Ergänzung von berufsspezifischem Fachwissen, von Fertigkeiten und Fähigkeiten.

Diese Form der Zusammenarbeit zeigt sich z.B. in dem Ringen um eine gemeinsame Sprache und Ausdrucksform, in der Entwicklung gemeinsamer Dokumente, im Austausch von Wissen, im gemeinsamen Lernen und Sich-Erarbeiten von neuen Wissensbeständen und auch dem gemeinsamen Aushalten von ggf. ohnmächtigen und hilflosen Situationen in der Begleitung von palliativen Bewohnern. Pflege-, Therapie- und Betreuungsmaßnahmen sollen sich an den Bewohnerbedürfnissen ausrichten und nicht an hierarchischen Strukturen.

Gespräche und Verständigung über die Zielsetzungen und Werthaltungen, die Reflexion über die Prozesse der GVP z.B. in fachlichen Fallbesprechungen können die interprofessionelle Zusammenarbeit unterstützen. Als gelingend erlebt wird, wenn Respekt für die Bedürfnisse anderer Berufsgruppen entwickelt und dabei die eigene Berufsrolle im Zusammenspiel mit allen geklärt ist.

Die interprofessionelle Zusammenarbeit ist kein Selbstzweck, sondern auf das Wohlergehen der Bewohner ausgerichtet. Die Zusammenarbeit mit den Haus- und Fachärzten nimmt eine besondere Bedeutung ein. Im Rahmen der GVP sind die behandelnden Ärzte (Hausarzt, SAPV-Arzt oder sonstige Vertragsärzte) in Fallbesprechungen einzubeziehen.

Fragen zur Überprüfung:

? Ist die interprofessionelle Zusammenarbeit im Leitbild verankert?
? Wird die interprofessionelle Zusammenarbeit von der Leitung der Einrichtung gefördert?
? Bestehen schriftliche Kooperationsvereinbarungen mit z.B. Ärzten, Hospizdiensten?
? Gibt es interprofessionelle Arbeitsgruppen oder Foren, die sich zur Weiterentwicklung der GVP austauschen?
? Werden die Fallbesprechungen zur GVP gemeinsam reflektiert?

Indikator: Spirituelle Bedürfnisse berücksichtigen

Spiritualität kann vieles umfassen. Sie findet bei jedem Menschen einen eigenen Ausdruck und ist geprägt von Konfession, Religion oder weltanschaulichem Hintergrund. Spiritualität ist ein umfassendes, individualisiertes Konzept. Sie vollzieht sich in allen alltäglichen Bereichen menschlichen Lebens. Speziell in Phasen von Lebenskrisen, Krankheit und Pflegebedürftigkeit bekommen spirituelle Fragen eine zunehmende Bedeutung. Fragen wie „Wer bin ich? Wozu und für wen lebe ich?" „Wo komme ich her/wo gehe ich hin?" lösen Emotionen, Zweifel, Ängste, Hoffnung, Sehnsucht, aber auch Dankbarkeit aus und sind Angebote für Kontakt und Begegnung. Diese spirituellen Bedürfnisse wollen sorgsam beachtet werden.

Spirituelle Begleitung von Menschen am Lebensende liegt nicht in der Zuständigkeit einer bestimmten Profession. Die Bewohner suchen sich nicht nur sogenannte Spezialisten wie Seelsorger oder Theologen. Sie sprechen mit Menschen, die Sie kennen und/oder zu denen sie Vertrauen haben. Biografiegespräche (Thema Konfessions- und Religionszugehörigkeit), die oft zeitnah nach dem Eintritt in das Altenpflegeheim geführt werden, können erste Hinweise für die spirituelle Begleitung der Bewohner geben. Wichtig sind jedoch kontinuierliche Beobachtungen und eine vorhandene, auch situative Gesprächsbereitschaft. Alle Mitarbeiter in Altenpflegeheim können spirituelle Bedürfnisse der Bewohner wahrnehmen und dennoch auch gezielt auf Fachpersonen der Seelsorge zur Begleitung hinweisen.

Im den GVP-Gesprächen entwickeln sich Themen und Fragen, die vor dem Hintergrund der Spiritualität oder auch Religiosität ihre je eigene Bedeutung bekommen. Begleitung meint hier einen Deutungs- und Interpretationsraum anzubieten. Spirituelle Bedürfnisse sind sehr intim und persönlich und benötigen eine große Achtsamkeit des Gegenübers. Im Vordergrund steht das Zuhören. Die Bewohner und auch Angehörige entdecken oft selbst die Lösungen in der Begegnung mit einem achtsamen und sorgfältig zuhörenden Gegenüber.

Fragen zur Überprüfung:

? Wir werden die spirituellen Bedürfnisse der Bewohner erkannt und gewürdigt?
? Verstehen Mitarbeiter in Pflege und Betreuung spirituelle Begleitung als ihren Auftrag?
? Sieht der GVP-Gesprächsleitfaden dieses Thema vor?
? Sieht die GVP-Dokumentation dieses Thema vor?
? Gibt es ein religionssensibles Angebot der regelmäßigen Seelsorge bzw. für spirituelle Begleitung?
? Ist für den Bedarfsfall der Kontakt zu den umliegenden Gemeinden oder religiösen Gemeinschaften organisiert?
? Kann der Gesprächsbegleiter sich in den Fragen der spirituellen Begleitung weiter qualifizieren?
? Haben die Seelsorger und die Gesprächsbegleiter einen regelmäßigen Austausch?

Indikator: Dokumentation der Gesprächsergebnisse

Neben den Gesprächen zur gesundheitlichen Versorgungsplanung ist die Dokumentation der ermittelten Behandlungswünsche ein Kernelement in der GVP. Eine sorgsame Dokumentation ist die Voraussetzung dafür, dass die geäußerten Bedürfnisse der Bewohner situationsgerecht umgesetzt werden können. Zur Dokumentation stehen inzwischen verschiedene Dokumente zur Verfügung (siehe weiterführende Informationen im Anhang). Die Gesprächsbegleiter achten darauf, dass die geäußerten Präferenzen so konkret und differenziert wie möglich festgehalten werden.

Es ist erforderlich, dass der Bewohner seine Einwilligung erteilt, damit die Informationen über seine gesundheitliche Versorgungsplanung für alle Mitarbeiter sichtbar abgelegt werden können. Je nach Dokumentationssystem werden die Dokumente elektronisch oder in Papierform in der Bewohnerakte hinterlegt. Innerhalb der Einrichtung ist dies klar zu regeln, damit im Notfall die relevanten Informationen für alle Beteiligten schnell zur Verfügung stehen. Es wäre empfehlenswert, in Abständen die Inhalte der Verfügungen in Teambesprechungen zu prüfen und zu reflektieren, ob die aktuelle Pflege und Versorgung des Bewohners den festgehaltenen Bedürfnissen entspricht. Es ist sinnvoll, mit den verschiedenen Kooperationspartnern zu klären, welche Dokumente verwendet werden sollen. Dies gilt vor allem für die Dokumente zur Behandlung im Notfall. Hier müssen sich verschiedene Akteure wie Notarzt, Hausarzt, Behandlungsteam in der Klinik schnell in die vorausverfügten Behandlungswünsche einlesen können. Es ist daher zu empfehlen, dass zumindest für die Notfallversorgung ein regional abgestimmtes und einheitliches Dokument verwendet wird.

Fragen zur Überprüfung:

- **?** Auf welchem Dokument werden die Vorausverfügungen des Bewohners festgehalten?
- **?** Wie und wo wird das Dokument in die Bewohnerakte eingefügt?
- **?** Haben alle Mitarbeiter Zugang zum Dokument?
- **?** Kennen alle Mitarbeiter den Inhalt der Vorausverfügung?
- **?** Ist das Dokument den weiteren Betreuungspersonen bekannt (Angehörige, Betreuer, Hausarzt)?
- **?** Wird eine Kopie des Bewohnerwillens bei Klinikaufenthalten etc. mitgegeben?
- **?** Wurde mit den regionalen Kooperationspartnern ein Dokument für die Notfallversorgung ausgewählt?

Indikator: Vernetzung intern

Die grundlegenden Anforderungen an die interne Vernetzung bzw. Kooperationsgestaltung sind in §10 der Vereinbarung nach §132g Abs. 3 SGB V dargestellt. Ein weiteres inhaltliches Bezugsdokument ist das Konzept zu Palliative Care der Einrichtung. Die Einrichtung informiert intern die Mitarbeitenden über die Gespräche zur Versorgungsplanung für die letzte Lebensphase. Dabei wird verdeutlicht, dass jeder Mitarbeiter Anteil am Entscheidungsfindungsprozess des Bewohners haben kann. Basis dieser Information sind die internen Regelungen zur GVP (Inhalte sind z.B.: wie und wann wird das Angebot gemacht, wie ist der Prozess geregelt, Ansprechpartner, Dokumentation und Datenschutz, Umgang mit Verfügungen intern und nach extern). Die Vermittlung von Ziel, Ablauf und Umsetzung der GVP eignet sich auch in Teamgesprächen pro Wohnbereich. Rückfragen sind unmittelbar möglich und der Austausch kann beginnen.

Fragen zur Überprüfung:

- ? Sind Informationen zur GVP Inhalt der Einarbeitung?
- ? Sind Informationen zur GVP Inhalte von Fortbildungen?
- ? Ist die GVP Thema bei Pflegevisiten?
- ? Gibt es eine strukturierte Einbindung der Gesprächsbegleiter in interne Kommunikation?
- ? Haben alle Mitarbeitende und alle ehrenamtlich Tätigen Kenntnis über das Angebot?
- ? Wissen die Mitarbeitenden, die Bezugspflegekräfte sind, an wen sie relevante Informationen weitergeben müssen (transparente Prozessgestaltung)?
- ? Ist die Erreichbarkeit der Gesprächsbegleiter allen bekannt?
- ? Sind die Prozesse beim Einsatz von externen/übergreifenden Gesprächsbegleiter geregelt und nachvollziehbar?

Indikator: Vernetzung extern

Die grundlegenden Anforderungen an die externe Vernetzung bzw. Kooperationsgestaltung sind in §11 der „Vereinbarung nach §132g Abs. 3 SGB V dargestellt. Die Einrichtung hat darauf hinzuwirken, dass die regionalen Versorgungs- und Betreuungsanbieter die Ergebnisse der gesundheitlichen Versorgungsplanung kennen und beachten. Die an der Versorgung Beteiligten, z.B. Ärzte, Rettungsdienste, SAPV-Teams und Kliniken sind über das Angebot der gesundheitlichen Versorgungsplanung für die letzte Lebensphase nach §132g SGB V sowie den Einsatz von verwendeten Notfalldokumenten zu informieren.

Bedeutsam ist eine gemeinsame Erarbeitung/Absprache zu den regional eingesetzten Dokumenten (z. B. welcher Notfallbogen genutzt werden soll). Ein regelmäßiger Austausch mit den Vertretern der ambulanten Hospizdiensten und SAPV-Teams stärkt die Kooperation und unterstützt Lernprozesse.

Die Ausgestaltung der Kooperationen und die Pflege der Netzwerke sollten bereits den Implementierungsprozess begleiten. Idealerweise sind die Netzwerkpartner bereits an der Entscheidung beratend beteiligt, ob und wann die Einrichtung die GVP einführt. Netzwerkpartner können bei konkreten Begleitungsprojekten in der Einrichtung beteiligt werden (z.B. regelmäßige Arbeitsgruppe mit ambulantem Hospizdienst).

Das Versorgungnetzwerk aller Kooperationspartner sollte aktiv erschlossen bzw. die bestehenden Kooperationen ausgebaut werden. Hilfreich sind ein definierter Ansprechpartner und feste Strukturen zum Austausch.

Fragen zur Überprüfung:

- ? Ist das aktive Erschließen der Kooperationen im Blick der Leitungsverantwortlichen?
- ? Sind die relevanten Kooperationspartner definiert?
- ? Gibt es Informationsmaterialien und eine aktive Informationsgestaltung für und mit den Netzwerkpartnern (Kliniken, niedergelassene Kooperationspartner etc.)?
- ? Gibt es gemeinsame erarbeitete Absprachen zur Frage der Zusammenarbeit (z.B. Einbeziehung bei Fallbesprechungen)?
- ? Können Fortbildungen zum Thema auch für die Netzwerkpartner angeboten werden?
- ? Werden Austauschstrukturen initiiert (z.B. Runde Tische)?
- ? Bedarf es weiterer Kooperationsvereinbarungen?
- ? Gibt es eine Netzwerkstruktur für die Gesprächsbegleiter der Einrichtungen in der Region (in regelmäßigen Treffen, z.B. Runden Tischen)?
- ? Gibt es eine Netzwerkstruktur für die Gesprächsbegleiter mit den regionalen Leistungserbringern und Kooperationspartnern (z.B. Palliativnetzwerke, Hospiznetzwerke, kommunale Netzwerke)?
- ? Findet eine regelmäßige Reflexion der Zusammenarbeit im Hinblick auf eine erfolgreiche Umsetzung der GVP statt?
- ? Wie wird der Zeitaufwand für die Kooperationsgespräche intern erfasst?

Indikator: Sicherstellung der Ergebnisse der GVP

Eine sorgsam erarbeitete gesundheitliche Versorgungsplanung entspricht dem aktuellen Wunsch und Willen des Bewohners. Diese Willensäußerungen müssen beachtet und eingehalten werden. Darum soll mit diesen Indikatoren nochmals ein Augenmerk auf die Sicherstellung der Beratungsergebnisse gelegt werden.

Ziel der Einführung der GVP ist erstens die Herausarbeitung einer Willensbekundung. Zweitens geht es darum, die Zusammenarbeit und Kultur im professionellen Versorgungssystem so zu verändern, dass Entscheidungen/Patientenverfügungen auch respektiert werden (respecting choices).

Dies bedarf in der Organisation eigener Festlegungen. Zum einen muss die ständige Verfügbarkeit der Dokumentation (unter Berücksichtigung datenschutzrechtlicher Vorgaben) von der Einrichtung gewährleistet werden (Papier/elektronisch).

Des Weiteren benötigt es klare Regelungen, wo und wie die Ergebnisse festgehalten werden und für die Mitarbeiter durchgängig verfügbar sind (Regelungen für die Dokumentation und Ablage z.B. der Notfallbögen bzw. Klärung mit Softwarefirma, sodass das Vorliegen einer entsprechenden Verfügung sofort erkennbar ist). Ebenso ist sicherzustellen, dass die Dokumente ausdruckbar sind bzw. vorliegende Kopien auch anderen Versorgern bei Notwendigkeit auszuhändigen sind.

Die Mitteilung der Ergebnisse (im Einverständnis mit dem Bewohner) im Rahmen von Übergaben und Fallbesprechungen helfen mit, die Ergebnisse der Beratung sicherzustellen.

Fragen zur Überprüfung:

- ? Gibt es klare Dokumentationsregeln?
- ? Ist die Zugänglichkeit zur Dokumentation geregelt?
- ? Sind die GVP-Dokumente für alle Berechtigten jederzeit zugänglich?
- ? Sind die relevanten Dokumente für den Notfall gekennzeichnet und direkt verfügbar?
- ? Werden die Datenschutzbestimmungen eingehalten?
- ? Werden die verantwortlichen Mitarbeiter im Wohnbereich über die Ergebnisse der GVP informiert bzw. findet dazu ein Austausch statt?

Indikator: Qualifikation der Gesprächsbegleiter – Personalentwicklung

„Eine fachlich qualifizierte Unterstützung von Menschen bei der Vorausplanung bietet aus Sicht der ZEKO grundsätzlich das Potenzial, patientenorientierte Entscheidungen bei Verlust der Einwilligungsfähigkeit zu fördern" (Bundesärztekammer 2019, A 7).

Verantwortliche in der Einrichtung haben daher sorgsam die Personen auszuwählen und zu gewinnen, die für das Thema geeignet sind und sich dazu auch weiter qualifizieren.

Die Anforderungen an die Qualifikation der Gesprächsbegleiter sind formal in §12 der Vereinbarung nach §132g Abs. 3 SGB V über Inhalte und Anforderungen der gesundheitlichen Versorgungsplanung für die letzte Lebensphase vom 13.12.2017 benannt (Anhang). Ergänzend dazu folgende Überlegungen zur Auswahl der Mitarbeiter und zur Weiterentwicklung der Gesprächsbegleiter (Bundesärztekammer 2019; Lehmeyer et al. 2019).

Weitere Kompetenzen bzw. Voraussetzungen der Gesprächsbegleiter

Der zukünftige Gesprächsbegleiter verfügt über:

- Offenheit gegenüber individuellen Werthaltungen,
- Respekt vor dem „Gewordensein" einer jeden einzelnen Person,
- Wertneutralität gegenüber Vorstellungen und Werten der am Gespräch beteiligten Personen,
- Kompetenz, mehrdeutige Äußerungen und wechselnde Situationen auszuhalten,
- Sensibilität und Respekt für komplexe und herausfordernde Lebenssituationen,
- emotionale Stabilität, um sich einlassen können auf herausfordernde Gespräche,
- Fähigkeit, situativ zu reagieren und das Interaktionsgeschehen professionell zu steuern,
- ethische Kompetenz als theoretische Kenntnis und praktische Erfahrung im Umgang mit ethischen Fragestellungen,
- Expertise im Bereich Palliative Care und Kenntnis der palliativen Versorgungsstrukturen,
- verbindliches Auftreten und Verschwiegenheit,
- Fähigkeit, Situationen individuell zu erfassen und differenziert zu dokumentieren,

- ❖ Kompetenz, Entscheidungsfähigkeit und kann in begründeten Einzelfällen und zum Wohle des Bewohners standardisierte Regeln und Normen verlassen (höhere Qualität durch die Abweichung von der Regel),
- ❖ Bereitschaft zur Reflexion seines eigenen Tuns, Analyse der Gesprächsbegleitungen und Supervision zur Erhaltung der eigenen Professionalität.

Fragen zur Überprüfung:

- ? Haben die Verantwortlichen definierte Vorstellungen über die Tätigkeiten und über das Kompetenzprofil eines Gesprächsbegleiters (vgl. Muster-Stellenbeschreibung im Anhang)?
- ? Wie wird die Einarbeitung des Gesprächsbegleiters unterstützt?
- ? Kann sich der Gesprächsbegleiter zu seiner eigenen Weiterentwicklung vernetzen, fachlich austauschen und weiterbilden?
- ? Wird das Anforderungsprofil des Gesprächsbegleiters allen Mitarbeitern in der Einrichtung vorgestellt und damit Verständnis für die Aufgabe, aber auch Interesse zur eigenen Weiterqualifikation geweckt?
- ? Werden im Rahmen der Personalentwicklung die Entwicklungsbedürfnisse der Mitarbeiter für die Aufgabe der Gesprächsbegleiter ermittelt?
- ? Passen der Weiterbildungsträger und seine inhaltliche Ausrichtung zu dem Einrichtungsträger?
- ? Gibt es eine Stellenbeschreibung für die Position des „Gesprächsbegleiters"?

Indikator: Palliative Kompetenz und palliatives Wissen

Mit der Einführung der GVP differenziert sich das fachliche Profil der Einrichtung und erweitert die Palliative Care Kultur um diesen Baustein. GVP wird zum integrativen Bestandteil des Versorgungsauftrages und bestimmt zusammen mit der palliativen Ausrichtung Kultur, Haltung und Organisationsstrukturen.

Neben den strukturellen Elementen wie der Beschäftigung von Pflegefachkräften mit einer Palliative Care Weiterbildung sind auch die Fort- und Weiterbildungsangebote zur Steigerung der palliativen Kompetenz in der Einrichtung relevant. Damit erhöht sich die Handlungssicherheit (kulturelles und professionelles Wissen), die Berufszufriedenheit der Mitarbeiter und eine qualifizierte Personalpolitik werden gefördert.

Entsprechend der Pflegeschwerpunkte im Rahmen der palliativen Pflege ergeben sich Fortbildungsthemen wie z.B. zur Wahrnehmung und Gestaltung der veränderten Zielrichtung der palliativen Pflege (statt des Paradigmas der aktivierenden Pflege), Förderung der Flexibilität und Kreativität im Umgang mit den Bewohnerwünschen und der Bewohnerzentrierung, dem nötigen und stets zu aktualisierenden Fachwissen, der Kompetenz zur Kommunikation (mit dem geriatrisch-palliativen Bewohner, intra- und interdisziplinär) und zu Themen in der Auseinandersetzung mit Sterben, Tod und Trauer.

Die Einrichtung selbst könnte ein gestuftes System von Bildungsangeboten definieren und damit sowohl die Expertise einzelner Personen als auch die Kompetenz bei allen Mitarbeitern (und ehrenamtlichen Engagierten) erhöhen. Diese sind z.B.

Fachliteratur: Fachzeitschriften und Bücher zum Thema stehen zur Verfügung.

Vorträge: Sind für alle Interessierte zugänglich (Mitarbeiter, Angehörige, Bewohnern, Ehrenamtlichen, Gäste aus dem Quartier).

Letze Hilfe-Kurse: Eine dreistündige Einheit (4 Module à 45 min) zur Begleitung und Umsorgung Sterbender.

Schnuppertage: Für Pflegefachkräfte in kooperierenden Palliativstationen, Hospizen, in SAPV-Teams oder ambulanten Hospizdiensten.

Fortbildungstage: Einzelne Themen rund um die Inhalte der gesundheitlichen Versorgungsplanung.

Palliative Praxis: Eine 40-stündige Qualifikation nach dem interdisziplinären Curriculum Palliative Praxis der DGP

Weiterbildung: 160 Stunden-Weiterbildung für Pflegekräfte nach einem einheitlichen Curriculum Palliative Care (Kern, Müller & Aurnhammer, 2020). Mit einem breit aufgestellten Angebot können Interesse geweckt und Kompetenzen erweitert werden. Ggf. stehen Mitarbeiter aus Überzeugung für das Thema GVP ein, ohne selbst GVP durchzuführen (Multiplikatoren, Botschafter).

Fragen zur Überprüfung:

- ? Wie werden Mitarbeiter unterstützt, damit sie sich für das Aufgabenfeld der GVP interessieren (Personalgewinnung-Personalentwicklung)?
- ? Wie sieht das Qualifikationsprofil der Mitarbeitenden aus (Analyse der Weiterbildungen und Zusatzqualifikationen, Fachkräfte mit Palliative-Care-Weiterbildung)?
- ? Sind die Zusatzqualifikationen im Organigramm oder auf dem Namensschild sichtbar ausgewiesen?
- ? Ist die palliativ-pflegerische Kompetenz tatsächlich verfügbar?
- ? Enthalten die Pflegestandards spezielle Hinweise auf lindernde und palliative Maßnahmen. Wird das Total Pain-Konzept berücksichtigt und reflektiert?
- ? Ist es möglich, auf Palliativdienste im Umfeld zurückgreifen? Welche Möglichkeiten der Vernetzungen gibt es?
- ? Gibt es Fortbildungsangebote für ALLE Mitarbeiter?
- ? Gibt es Qualifikationsangebote für Angehörige und ehrenamtlich Engagierte und werden sie damit in die Kompetenzerweiterung eingebunden?
- ? Ist die Palliative Care Kultur Thema in den Jahres- und Mitarbeitergesprächen?

5 Was am Ende bleibt ... oder Bilanz

Abschließend werden sowohl die Potenziale als auch die Grenzen der gesundheitlichen Versorgungsplanung aus verschiedenen Perspektiven betrachtet.

5.1 Perspektive: Die vorausplanende Person

Für die betreffenden Personen kann die Vorausplanung Sicherheit vermitteln, da ihre Autonomie und Mitbestimmung durch den definierten und dokumentierten Patientenwillen auch bei Urteilsunfähigkeit gesichert ist. Ihre pflegerischen, medizinischen, sozialen und religiös-spirituellen Versorgungswünsche sind kommuniziert und können somit umgesetzt werden. Personen, die an bestimmten Erkrankungen leiden, können für sich selbst bestimmen, wie in möglichen medizinischen Krisensituationen vorgegangen werden soll, in welcher Situation ein „Weiterleben" für sie vorstellbar ist und welcher Zustand für sie definitiv nicht mehr erträglich erscheint. Im Fall von Komplikationen und Notfällen mit oder ohne bestehende Urteilsfähigkeit ist das Vorgehen klar, koordiniert und die Verantwortlichkeiten geklärt.

Auf Augenhöhe sprechen, beraten und die individuellen Planungen begleiten, führt idealerweise zur Bereitschaft der Betroffenen, über diese anspruchsvollen Themen zu sprechen. Eine präsentische Herangehensweise ist die Grundlage für Vertrauen und wird zur Voraussetzung für gemeinsam getragene Entscheidungen (Shared Decsion-Making). Eine individualisierte Medizin und Pflege sowie die Vielfalt bei den Vorstellungen von Lebensqualität benötigen die permanente Reflexion und einen wertfreien Dialog über Erwartungen und Werte. Dies macht aus unserer Sicht den qualitativen Prozess der gesundheitlichen Versorgungsplanung aus. Die Schlüsselkompetenz hierfür ist die Kommunikation.

5.2 Perspektive: An- und Zugehörige

Idealerweise sind der Wille des Bewohners, dessen bedeutsame Lebenseinstellungen und Werte den Angehörigen bekannt. Für An- und Zugehörige kann ein festgehaltener Patientenwille Klarheit bringen und somit im Falle der Krise entlastend wirken. Im Notfall wird dann keine stellvertretende Entscheidungsfindung mehr nötig sein. Durch die frühzeitige Einbindung in die Gespräche zur gesundheitlichen Versorgungsplanung haben An- und Zugehörige bereits von Notfallsituationen bzw. möglichen weiteren Krankheitsverläufen gehört und konnten sich damit auseinandersetzen. So sind Krisensituationen bereits gedanklich vorbereitet.

5.3 Perspektive: Mitarbeiter im Gesundheits- und Pflegewesen

Mit der gesundheitlichen Vorausplanung steht den Berufsangehörigen ein Instrument zur Verfügung, welches hilft, dem Wunsch und den Bedürfnissen der Patienten besser zu entsprechen (Patientenzentrierung). Die Vorteile, wie z.B. die Definition und Übernahme der Verantwortlichkeiten im Fall der Urteilsunfähigkeit und die rasch zugängliche Dokumentation für Notfallsituationen, scheinen evident.

Behandlungsteams haben dadurch mehr Sicherheit für das Vorgehen in Notfall- und in Palliativsituationen. Gesundheitliche Krisen und ggf. unerwünschte Drehtüreffekte der Akutversorgung reduzieren sich. Pflegefachkräfte kennen die Wertvorstellungen und Wünsche ihrer Bewohner und richten ihre individuelle Pflege und Versorgung danach aus. Wird ein Bewohner urteilsunfähig, können Ärzte, Pflegende und alle an der Versorgung Beteiligten anwaltschaftlich handeln.

5.4 Perspektive: Zusammenwirken der Professionen

Damit die Versorgungsplanung umgesetzt werden kann, ist ein Zusammenwirken von vielen verschiedenen Professionen nötig. Daraus resultiert, dass die Zusammenarbeit über die Einrichtung hinaus mit Hausärzten, Kliniken, Notfall- sowie Palliativmedizinern intensiviert werden muss. Der Prozess erfordert breites Wissen und reichhaltige Erfahrung von möglichen Krankheits- und Lebenssituationen. Professionelles Handeln ist an individuellen biografischen Erfahrungen der Bewohner, an ihrem subjektiven Erleben, ihren Emotionen und ihren lebensgeschichtlich erworbenen Handlungs- und Deutungsmustern ausgerichtet. Eine achtsame, interaktionsorientierte Zugangsweise und eine fürsorglich begleitende Haltung ist damit Basis in der gesundheitlichen Versorgungsplanung.

Unter Berücksichtigung der faktisch bestehenden Asymmetrie zwischen den Bewohnern und den weiteren Professionen sind die Entscheidungsprozesse partizipativ, verständigungsorientiert und mit dem Respekt vor der Selbstbestimmung und ihrem Angewiesensein auf andere zu gestalten.

Gelingt dies, erleichtert das Wissen über die Bedürfnisse des Bewohners allen Akteuren die anstehenden Entscheidungen zu treffen. Zudem werden die Akteure moralisch entlastet, da bekannt und dokumentiert ist, wie der Bewohner in der Situation behandelt und umsorgt werden möchte.

5.5 Perspektive: Gesellschaft

Das Gesundheitswesen entwickelt sich immer mehr zu einem partizipativen und kommunikativen Dienstleistungsbereich. Um den Bedürfnissen des Einzelnen gerecht zu werden, muss eine Sensibilisierung für die Notwendigkeit der Vorausplanung stattfinden. Hierzu sind gesellschaftliche Debatten über das Leben im Alter, die Bedeutung von Lebensqualität sowie mögliche Behandlungsoptionen am Lebensende vermehrt anzustoßen und zu führen. Eine bestmögliche Orientierung an Patientenwünschen und Therapiezielen wirkt einer Über- und Unterversorgung entgegen. Kosten und Maßnahmen des Gesundheitswesens werden dann an der Umsetzung des Patientenwillens ausgerichtet. Ein gesellschaftlicher Diskurs sowie eine differenzierte Informiertheit sind bedeutsam, um der Sorge in der Bevölkerung entgegen zu treten, dass Politik und Kostenträger mit diesem Instrument auf Einsparungspotenziale zielen. Weiterhin kann die gesundheitliche Versorgungsplanung nicht auf den Sektor der stationären Langzeitpflege begrenzt bleiben, sondern muss zu einem permanent vorgehaltenen Beratungsangebot werden, welches unabhängig von Alter, Wohnort und gesundheitlicher Situation ist.

5.6 Ausblick

Die sichtbare und erlebbare palliative Kultur in einem Altenpflegeheim, in dem das Lebensende und das Sterben nicht ausgeblendet werden, ist Anliegen und Motivation für dieses Buch. Die Gespräche zur gesundheitlichen Versorgungsplanung sind ein bedeutsamer Teil dieser Kultur. Die nächsten Jahre werden zeigen, ob die durchgeführten Gespräche dazu führen, dass das Selbstbestimmungsrecht des Einzelnen über die gesundheitliche Versorgung am Lebensende stärker als bisher zum tragen kommt. Als professionelle Mitarbeiter im Gesundheitswesen können wir dazu beitragen, dass die bestmöglichen Rahmenbedingungen dafür geschaffen werden.

5.7 Zum Schluss bleibt: Ein wesentlicher Aspekt menschlichen Lebens ist die Nicht-Planbarkeit

Der besten Vorausplanung sind Grenzen gesetzt. Die dem menschlichen Leben innewohnende Nicht-Planbarkeit hebt das Anliegen des Vorausschauens und Planens nicht auf, relativiert es jedoch und weist auf die Illusion hin, dass Leben in seinen jeweiligen Vollzügen umfänglich zu kontrollieren sei. Leben als ein aktiv gestalteter Prozess findet in sozialen Beziehungen und in Kommunikation statt, ist geprägt von kulturellen und religiös-spirituellen Vorstellungen, bezieht sich auf die eigenen Erfahrungen, Kompetenzen und Sehnsüchte nach einem gelingenden Leben. Daher sollte es jedem Menschen auch erlaubt sein, das Recht auf ein Nichtplanen umzusetzen. Sei es aus den Gründen, sich nicht sorgen und kümmern zu wollen, einer aufrechterhaltenen Verschlossenheit gegenüber den eigenen Wünschen oder einer christlich begründeten und gelebten Verwiesenheit auf Gott und die Gemeinschaft.

Literaturverzeichnis

Beauchamp, T. & Childress, J. (2008): Principles of Biomedical Ethics (Bd. 6th Edition). Oxford University Press.

Beckers, D. (2006): Dasein, wenn es still wird. Die Nachhaltigkeit der implementierten Palliativbetreuung in der stationären Altenhilfe. https://ev-akademie-tutzing.de/static/media/attachments/V201412-CE3D-C5BD8AA949CDB20411C963CB7160/Da%20sein%20wenn%20es%20still%20wird%20(Beckers) (Zugriff 14.7.20).

Bundesarbeitsgemeinschaft Hospiz (2005): Hospizkultur im Alten- und Pflegeheim – Indikatoren und Empfehlungen zur Palliativkompetenz: https://www.dhpv.de/tl_files/public/Themen/Stationaere%20Altenpflege/BAG_broschuere_hospizkultur-im-alten-u-pflegeheim.pdf (Zugriff 22.6.20).

Bundesärztekammer (2019): Stellungnahme der Zentralen Kommission zur Wahrung ethischer Grundsätze in der Medizin und ihren Grenzgebieten (Zentrale Ethikkommission) bei der Bundesärztekammer. „Advance Care Planning (ACP)". https://www.zentrale-ethikkommission.de/fileadmin/user_upload/downloads/pdf-Ordner/Zeko/2019-12-05_Bek_BAEK_ACP_Online_Final.pdf (Zugriff 14.8.20).

Bundesgesetzblatt (2015): Gesetz zur Verbesserung der Hospiz und Palliativversorgung in Deutschland (Hospiz und Palliativgesetz). https://www.bgbl.de/xaver/bgbl/start.xav?startbk=Bundesanzeiger_BGBl&start=//*%255B@attr_id=%27bgbl115s2114.pdf%27%255D#__bgbl__%2F%2F*%5B%40attr_id%3D%27bgbl115s2114.pdf%27%5D__1596637518582 (Zugriff 14.8.20).

Bundesgesundheitsministerium (Hg.) (2017): Forschungs- und Praxisprojekt Sterben zuhause im Heim – Hospizkultur und Palliativkompetenz in der stationären Langzeitpflege. Vorgehen, empirische Befunde und abgeleitete Handlungsempfehlungen: https://www.bundesgesundheitsministerium.de/fileadmin/Dateien/5_Publikationen/Pflege/Berichte/_SiH_Sachbericht_413u415_FINAL_2018-05-22.pdf (Zugriff 1.7.20).

Bundesministerium der Justiz und Verbraucherschutz (2019): Patientenverfügung – Leiden-Krankheit-Sterben: Wie bestimme ich was medizinisch unternommen werden soll, wenn ich entscheidungsunfähig bin?: https://www.bmjv.de/SharedDocs/Publikationen/DE/Patientenverfuegung.pdf?__blob=publicationFile&v=29 (Zugriff 14.8.19).

Caritasverband für das Bistum Aachen e.V. (Hg.) (2015): Nachhaltige Hospiz- und Palliativversorgung in Alten- und Pflegeheimen: https://www.caritas.de/

cms/contents/caritas.de/medien/dokumente/schwerpunkte/broschuere-nachhalti/2015_broschuere_hospizkultur_dicv-aachen.pdf (Zugriff 14.7.20).

Coors, M. (2018): Von „Advance Care Planning" zur „gesundheitlichen Versorgungsplanung" –Anfänge, Entwicklungen und Adaptionen eines neuen Konzepts. Zeitschrift für medizinische Ethik. Schwaben-Verlag (Heft 3), S. 195–211.

Coors, M., Jox, R. & in der Schmitten, J. (Hg.) (2015): Advance Care Planning – Von der Patientenverfügung zur gesundheitlichen Vorausplanung. Perspektiven für Wissenschaft, klinische Praxis und Gesundheitspolitik. Stuttgart: Kohlhammer.

in der Schmitten, J. Lex, K., Mellert, C., Rothärmel, S., Wegscheider, K., Marckmann, G. (2014): Patientenverfügungsprogramm: Implementierung in Senioreneinrichtungen Eine interregional kontrollierte Interventionsstudie. In: Deutsches Ärzteblatt, Jg. 111 (Heft 4), S. 50–56.

Dörner, K. (2019): Was wir wissen sollten, wenn wir über unser Leben in einer Zeit und Phase verfügen wollen, wenn wir möglicherweise nicht mehr über uns selbst verfügen können. Praxis Palliativ Care (11), S. 14–15.

Düwell, M., Hübenthal, C., Werner, M.H. (2006): Handbuch Ethik. 2. Auflage. Stuttgart/Weimar: Verlag J.B. Metzler.

Eychmüller S. (2008): Die Lebenssinfonie fertig schreiben. VSAO Journal, ASMAC 27 (1). S. 11–13.

Feyerabend, E. (2016): „Advance Care Planning": Zwischen Lebensklugheit und Planungszwang. https://www.bioskop-forum.de/media/erika_feyerabend___workshop____advance_care_planning____–_zwischen_lebensklugheit_und_planungszwang.pdf (Zugriff 29.6.20).

Friesacher, H. (2008): Theorie und Praxis pflegerischen Handeln. Osnabrück: V&R unipress.

George, W. (2014): Empfehlungen aufgrund der Studienergebnisse und das Deutsche Palliativsiegel. In: George, W. (2014): Sterben in stationären Einrichtungen. Gießen: Psychosozial-Verlag, S. 251–258.

Gilligan, C. (1984): Die andere Stimme. Lebenskonflikte und Moral der Frau. Cambridge MA.: Piper.

GKV-Spitzenverband (2017): Vereinbarung nach § 132g Abs. 3 SGB V über Inhalte und Anforderungen der gesundheitlichen Versorgungsplanung für die letzte Lebensphase: https://www.gkv-spitzenverband.de/media/dokumente/krankenversicherung_1/hospiz_palliativversorgung/versorgungsplanung/Vereinbarung_nach_132g_Abs_3_SGBV_ueber_Inhalte_und_Anforderungen_der_gesundheitlichen_Versorgungsplanung.pdf (Zugriff 5.8.20).

Hammes, B. j., Rooney, B. L., Gundrum, J.D. (2010): A comparative, retrospective, observational study of prevalence, availability, and specificity of advance care plans in a county that implemented an advance care planning microsystem. In: Journal of the American Geriatrics Society (58). S. 1249–1255.

Heimerl, K., Schuchter, P. & Wappelshammer, E. (2015): Nachhaltige Hospiz- und Palliativkultur im Pflegeheim und im Alter. Die kommunale Orientierung. In: R. B. Stiftung (Hg.): Palliative Praxis – Kompetenz und Sorge für alte Menschen am Lebensende. Stuttgart, S. 113–123.

Heinemann, T., Proft, I., Sahm, I. & Wetzstein, V. (2017): Stellungnahme des Ethikrates zur Gesundheitlichen Versorgungsplanung von Bewohnern stationärer Pflegeeinrichtungen. Ethikrat katholischer Träger von Gesundheits- und Sozialeinrichtungen im Bistum Trier (Hg). https://www.hildegard-stiftung.de/fileadmin/62hildegard/medien/z_neu_1/Grundsaetze/Ethikrat_Stellungnahme_ACP_2017_web.pdf (Zugriff 4.7.20).

Heupel-Rueter, M. & Zieschang, T. H.-R. (2019): Interventionen zur Verbesserung der Palliativversorgung älterer Menschen, die in Pflegeeinrichtungen leben. Zeitschrift für Gerontologie und Geriatrie. Band 52, Jg. 2019, S. 758–760.

in der Schmitten, J., Nauck, F. & Marckmann , G. (2016): Behandlung im Voraus planen (Advance Care Planning): ein neues Konzept zur Realisierung wirksamer Patientenverfügungen. In: Zeitschrift für Palliativmedizin, Vol. 17, Nr. 4, S. 177–193.

Jox, J., Marckmann, G. & In der Schmitten, J. (2015): Ethische Grenzen und Defizite der Patientenverfügung. In: M. Coors, J. Jox, J. in der Schmitten & J. in der Schmitten (Hg.), Advance Care Planning. Von der Patientenverfügung zur Gesundheitlichen Vorausplanung. Stuttgart: Kohlhammer, S. 23–38.

Kern, M., Müller, M. & Aurnhammer, K. (2020): Basiscurriculum Palliativ Care für Pflegefachkräfte, 8. komplett überarbeite Auflage. Bonn: Pallia Med Verlag.

Krüger, W. (2006): Excellence in Change – Wege zur strategischen Erneuerung. Wiesbaden: Gabler.

Lehmeyer, S., Riedel, A., Linde, A.-C. & Treff, N. (2019): Gesundheitliche Versorgungsplanung für die letzte Lebensphase von BewohnerInnen in der stationären Altenhilfe. Lage: Jacobs Verlag.

Neitzke, G. (2015): Gesellschaftliche und ethische Herausforderungen des Advance Care Planning. In: Coors, Jox & in der Schmitten. Advance Care Planning – Von der Patientenverfügung zur gesundheitlichen Versorgungsplanung. Stuttgart: Kohlhammer, S. 152–163.

Obrist, M. (2019): Advance Care Planning und Notfallpläne für PalliativpatientInnen. NOPA im Kanton Zürich: http://www.swissnurseleaders.ch/fileadmin/user_upload/C.4_Regionen/C.4.3_Zuerich_Glarus/Konferenzen_2019-2020/20190821_Herbstkonferenz/ACP_in_Zuerich_Monika_Obrist.pdf (Zugriff 4.7.20).

Prendergast, T. (2001): Advance Care Planning: Pittfalls, progress, promis. Critical Care medicine, 29(2), S. N34–N39.

Schubiger, G. & Karzig-Roduner, I. (2019): Patientenverfügung; Quo vadis? Schweizer Ärztezeitung (39), S. 1315–1318. EMH Schweizerischer Ärzteverlag AG, Mutten.

Schuchter, P., Brandenburg, H. & Heller, A. (2018): Advance Care Planning (ACP) – Wider die ethischen Reduktionismen am Lebensende. Zeitschrift für medizinische Ethik (Heft 3), Jahrgang 64, S. 213–232.

Singer, P. A., Lavery, J. V. & Thiel, E. C. (1998): Reconceptualizing Advance Care Planning. From the Patient's Perspective. Archives of Internal Medicine, 158, S. 879–884.

Sozialgesetzbuch (SGB V): Fünftes Buch Gesetzliche Krankenversicherung § 132g Gesundheitliche Versorgungsplanung für die letzte Lebensphase: https://www.sozialgesetzbuch-sgb.de/sgbv/132g.html (Zugriff 22.08.20).

Statistisches Bundesamt (Destatis) (2018): Pflege im Rahmen der Pflegeversicherung. Deutschlandergebnisse. https://www.destatis.de/DE/Themen/Gesellschaft-Umwelt/Gesundheit/Pflege/Publikationen/Downloads-Pflege/pflege-deutschlandergebnisse-5224001179004.pdf?blob=publicationFile (Zugriff 1.7.20).

Stiftung Gesundheitswissen (2018): Warum Sie von einer gemeinsamen Entscheidungsfindung profitieren. https://www.stiftung-gesundheitswissen.de/gesundes-leben/patient-arzt/patient-und-partner (Zugriff 22.8.2020).

Timmermann, G., Baart, A. (2016): Präsentische Praxis und die Theorie der Präsenz. In: E. Conradi & Vosmann, F. (Hg.), Praxis der Achtsamkeit – Schlüsselbegriffe der Care-Ethik. Frankfurt/New York: Campus, S. 189–208.

Inhaltsverzeichnis des Anhangs

Anhang

Beispiele und Praxishilfen

Eckpunkte für die einrichtungsindividuelle Konzepterstellung und die interne und externe Vernetzung

Eckpunkte für die einrichtungsindividuelle Konzepterstellung mit Bezug zur Vereinbarung nach § 132g Abs. 3 SGB V über Inhalte und Anforderungen der gesundheitlichen Versorgungsplanung für die letzte Lebensphase vom 13.12.2017 (Text im Kasten)

Um das Angebot bei der Krankenkasse zur Genehmigung vorzulegen, ist ein Konzept mit den wichtigsten Angaben nötig (siehe Anlage 1, Punkt 5). Gefordert werden auch die Angaben zur Organisation, zur Einbettung in die Gesamtstruktur der Einrichtung, zur internen und externen Vernetzung. Für ihre Konzeptentwicklung sind die Grundlagen aus der Vereinbarung abgebildet. Zur Umsetzung sind die beigefügten Fragen hilfreich.

Angaben zu den vertraglichen Grundsätzen

§ 14 Vertragliche Grundsätze

(3) Der Nachweis (Formular siehe Anlage 1) muss neben den Stammdaten der Einrichtung inklusive, abrechnungsrelevanten Daten (z.B. Institutionskennzeichen) folgende Angaben/Nachweise enthalten: *„- Konzept der gesundheitlichen Versorgungsplanung für die letzte Lebensphase. Das Konzept enthält insbesondere Angaben zur Organisation der gesundheitlichen Versorgungsplanung für die letzte Lebensphase gemäß* § 7, zur Einbettung in die Gesamtstruktur der Einrichtung vgl. § 7 Abs. 1 sowie zur internen und externen Vernetzung gemäß §§ 10 und 11."

Angaben zur Organisation der gesundheitlichen Versorgungsplanung für die letzte Lebensphase

§ 7 Organisation der gesundheitlichen Versorgungsplanung für die letzte Lebensphase

(1) Sofern die Einrichtung Leistungen nach § 132g SGB V anbietet, ist diese Leistung im Sinne der Zielsetzung der gesundheitlichen Versorgungsplanung für die letzte Lebensphase nach § 2 in die Gesamtstruktur und konzeptionelle Ausrichtung der Einrichtung einzubinden. Die gesundheitliche Versorgungsplanung für die letzte Lebensphase ist auch ein Bestandteil zur (Weiter-)Entwicklung der Hospiz- und Palliativkultur innerhalb der Einrichtungen.

- Wie ist die gesundheitliche Versorgungsplanung für die letzte Lebensphase in die Konzeption der Einrichtung eingebettet?
- Welche Angaben können sie zur Hospiz- und Palliativkultur in der Einrichtung machen?

§ 7 Organisation der gesundheitlichen Versorgungsplanung für die letzte Lebensphase

(2) Der Träger der Einrichtung ist verantwortlich dafür, dass die Beratung zur gesundheitlichen Versorgungsplanung für die letzte Lebensphase gemäß der gesetzlichen Regelung und der Ausgestaltung durch diese Vereinbarung durchgeführt wird. Dies ist unabhängig von der Organisation der gesundheitlichen Versorgungsplanung. Zur Sicherstellung der gesundheitlichen Versorgungsplanung sind folgende Varianten möglich:

a) Durchführung durch das qualifizierte eigene Personal der Einrichtung.

b) Durchführung durch das qualifizierte Personal des Einrichtungsträgers im Rahmen von Kooperationen mehrerer vollstationärer Pflegeeinrichtungen und/oder Einrichtungen der Eingliederungshilfe für Menschen mit Behinderung; dies ist auch trägerübergreifendmöglich. Dazu sind vertragliche Vereinbarungen zwischen den jeweiligen Trägern zu schließen.

c) Durchführung in Kooperation mit externen regionalen Anbietern. Dazu sind vertragliche Vereinbarungen zwischen den jeweiligen Trägern zu schließen.

- Wie ist die Beratung für die gesundheitliche Versorgungsplanung für die letzte Lebensphase organisiert? (einrichtungsintern, einrichtungs-, trägerübergreifend, durch interne oder externe Kooperationspartner)

Angaben zur internen und externen Vernetzung

Interne Vernetzung

§ 10 Interne Vernetzung

*(1) Die Einrichtung informiert einrichtungsintern die Mitarbeitenden über Sinn und Zweck der Versorgungsplanung für die letzte Lebensphase und hat im Rahmen ihres Aufgabenbereiches sicherzustellen, dass die Ergebnisse der gesundheitlichen Versorgungsplanung (Willens*äußerungen der Leistungsberechtigten/des Leistungsberechtigten) beachtet und eingehalten werden. Äußert die Leistungsberechtigte/der Leistungsberechtigte gegenüber dem Personal der Einrichtung Änderungswünsche zu ihren/seinen geäußerten Vorstellungen und Wünschen für die Versorgung in der letzten Lebensphase und den festgelegten Beratungsergebnissen, ist unverzüglich die zuständige Beraterin/der zuständige Berater einzubinden.

- Wie ist die Zusammenarbeit der Beraterin mit den Mitarbeitenden in der Einrichtung strukturiert?
- *Wie werden aktuelle Änderungen der Bewohnerwünsche an die Beraterin/den Berater gemeldet?*

> *(2) Die ständige Verfügbarkeit der Dokumentation muss von der Einrichtung gewährleistet werden und unter Berücksichtigung datenschutzrechtlicher Vorgaben gemäß § 9 Abs. 5 dem Personal in der Einrichtung sowie den beteiligten Versorgern zur Verfügung stehen. Bei Verlegung der Leistungsberechtigten/des Leistungsberechtigten z.B. in ein Krankenhaus oder eine andere Einrichtung sind die entsprechenden Unterlagen unter Beachtung datenschutzrechtlicher Bestimmungen gemäß § 9 Abs. 5 in Kopie mitzugeben(z.B. Patienten-Anweisungen für lebenserhaltende Maßnahmen PALMA oder andere Notfallbögen).*

- Wo werdend die relevanten Bewohnerdokumente (Patienten-Anweisungen für lebenserhaltende Maßnahmen, Notfallbögen) aufbewahrt?
- Sind die relevanten Dokumente für eine Verlegung gekennzeichnet?

Externe Vernetzung

Angaben zur Information über die verwendeten Notfalldokumente

> **§ 11 Externe Vernetzung**
>
> 1) Die an der Versorgung Beteiligten, z.B. Ärzte, Rettungsdienste, SAPV-Teams und Kliniken, sind über das Angebot der gesundheitlichen Versorgungsplanung für die letzte Lebensphase nach § 132g SGB V sowie den Einsatz von verwendeten Notfalldokumenten vorab zu informieren.

- Welche Notfalldokumente werden verwendet?
- Wie wird die Informationen zum Einsatz der verwendeten Notfalldokumente an Ärzte, Rettungsdienste, SAPV-Teams und Kliniken weitergegeben?

Angaben zur Zusammenarbeit mit den regionalen Leistungsanbietern

> **§ 11 Externe Vernetzung**
>
> *(1) Um den dokumentierten Willensäußerungen der Leistungsberechtigten/des Leistungsberechtigten mit Blick auf die medizinisch-pflegerische Versorgung gerecht werden zu können, ist durch die Beraterin/den Berater eine enge Zusammenarbeit mit den regionalen Leistungserbringern, insbesondere mit niedergelassenen Ärzten, Krankenhäusern, Rettungsdiensten, ambulanten Hospizdiensten, Hospizen, SAPV-Teams, Seelsorgern und anderen Institutionen ggf. auch unter Berücksichtigung der speziellen Struktur zur Versorgung von Kindern und Jugendlichen sicherzustellen.*

- Wie gestaltet sich die Zusammenarbeit der Beraterin/des Beraters mit den regionalen Leistungserbringern? (z.B. Angaben zu Informationsaustausch, Informationsabend, Arbeitstreffen, gemeinsame Fortbildungsveranstaltungen, Einbindung/Kooperation mit dem regionalen Hospiz- und Palliativnetzwerk)

Angaben zur Kommunikation mit regionalen Versorgungs- und Betreuungsanbietern

§ 11 Externe Vernetzung

(2) Die Einrichtung hat darauf hinzuwirken, dass die regionalen Versorgungs- und Betreuungsanbieter die Ergebnisse der gesundheitlichen Versorgungsplanung beachten.

- Wir werden regionalen Versorgungs- und Betreuungsanbieter einbezogen? (z.B. Information bzw. Informationsschreiben zur Einführung der gesundheitlichen Versorgungsplanung an Hausärzte, Krankenhäuser, Notfalldienste, SAPV- Teams etc.

Angaben zur Kooperation und Vernetzung der Berater mit regionalen Netzwerken

§ 11 Externe Vernetzung

(3) Die Berater der Einrichtungen in der Region sollen regelmäßige Treffen (z.B. Runde Tische) mit den regionalen Leistungserbringern durchführen oder an Treffen vorhandener regionaler Netzwerke) teilnehmen.

- Wie gestaltet sich die Kooperation und Vernetzung der Berater mit regionalen Netzwerken? (*Kooperationsverträge, Palliativnetzwerke, Hospiznetzwerke, kommunale Netzwerke, Runde Tische*)

Leistungsnachweis über eine Beratung

Anlage 2 zur Vereinbarung nach § 132g Abs. 3 SGB V über Inhalte und Anforderungen der gesundheitlichen Versorgungsplanung für die letzte Lebensphase vom 13.12.2017

Anlage 2

Belegart

Leistungsnachweis über eine Beratung (Beratungsprozess) nach § 132g Abs. 3 SGB V

Einrichtung nach § 43 SGB XI ☐
Einrichtung nach § 75 Abs. 1 Satz 1 SGB XII ☐
IK der Einrichtung:

Anschrift der Einrichtung

Versichertennummer

Name

Vorname

Geburtsdatum

Anschrift

☐ **Erstmaliger Beratungsprozess nach der Vereinbarung gemäß § 132g Abs. 3 wurde durchgeführt**

☐ **Erneuter Beratungsprozess nach der Vereinbarung gemäß § 132 g Abs. 3 wurde durchgeführt (bitte begründen)**

Beginn des Beratungsprozesses:

Ende des Beratungsprozesses:

Anzahl der durchgeführten Gespräche innerhalb des Beratungsprozesses:

Name der Beraterin/des Beraters:

Begründung für den erneuten Beratungsprozess nach § 9 Abs. 2 der Vereinbarung

Datum und Unterschrift der Beraterin/des Beraters

IK der Krankenkasse:

Anschrift der Krankenkasse

Datum und Unterschrift der/des Versicherten oder Unterschrift des gesetzlichen Vertreters

Stellen- und Aufgabenbeschreibung

für die Stelle des Gesprächsbegleiters[1] für die gesundheitliche Versorgungsplanung im Altenpflegeheim – *Name der Einrichtung* –

1. Zielsetzung

Mit dem Angebot der gesundheitlichen Versorgungsplanung für die letzte Lebensphase wird ein individuell zugeschnittenes Beratungsangebot über die medizinisch-pflegerische und sozialspirituelle Versorgung und Betreuung in der letzten Lebensphase für die Bewohner vorgehalten. Im Rahmen der gesundheitlichen Versorgungsplanung für die letzte Lebensphase sollen die Bewohner in einem Gesprächsprozess begleitet werden ihr Wünsche für die Versorgung in der letzten Lebensphase zu entwickeln und mitzuteilen. Der Stelleninhaber organisiert und führt Gesprächsprozesse zur gesundheitlichen Versorgungsplanung durch. In dem Aufgabengebiet der Gesundheitlichen Versorgungsplanung arbeitet er fachlich selbstständig und baut ein Netzwerk mit behandelnden Ärzten und weiteren Versorgungseinrichtungen (Kliniken) auf. Auf der Basis seines Fachwissens begleitet er Bewohner im Prozess der Entscheidung über zukünftige Versorgungswünsche und wirkt informierend und beratend an den Entscheidungsvorgängen mit. Bedürfnisorientiert wird auf medizinisch-pflegerische Abläufe in der letzten Lebensphase und während des Sterbeprozesses eingegangen, mögliche Notfallsituationen werden besprochen und geeignete Maßnahmen zur palliativen und psychosozialen Begleitung dargestellt. Die Einrichtung wird in der Vernetzung und der strategischen Planung und Umsetzung bei der Weiterentwicklung einer Palliative Care Kultur unterstützt.

2. Aufgaben des Stelleninhabers

Bewohnerbezogene Aufgaben:

- Informationsvermittlung zum Angebot der Gesprächsbegleitung bei Bewohnern und An-und Zugehörigen sowie Betreuern (Einzelgesprächen, Fallbesprechungen)
- Aufklärung über bestehende rechtliche Vorsorgeinstrumente (insbesondere Patientenverfügung, Vorsorgevollmacht und Betreuungsverfügung)
- Aktive Prozessgestaltung unter Abwägung aller Individualitäten und Besonderheiten bei den Bewohnern
- Erarbeitung und Umsetzung von spezifischen Instrumenten und Materialien für die Gesprächsbegleitung und Behandlungskonzepten
- Einbeziehungen weiteren Personen zur Versorgungsplanung in Abstimmung mit dem Bewohner

1 Alle Personenbezeichnungen gelten sinngemäß für alle Geschlechter.

- Dokumentation der Beratungsergebnisse
- Bewohnerbezogene Information und Vernetzung

Organisatorische Aufgaben:
- Teilnahme an und Vernetzung mit internen Arbeitskreisen und Gremien
- Teilnahme bei themenspezifischen Qualitätszirkeln
- Unterstützung und Beratung des strategischen und operativen Pflegemanagements bei den fachspezifischen Veränderungs- und Entwicklungsprozessen
- Mitwirkung (*alternativ Leitung*) in dem Steuerungs-/Arbeitskreis Palliative Care
- Teilnahme an und Vernetzung mit externen Arbeitskreisen und Gremien
- Mitwirkung bei internen Schulungen
- Kooperation und Kontaktpflege mit den versorgenden Haus- und Fachärzten im Rahmen der Gesundheitlichen Versorgungsplanung

Administrative Aufgaben:
- Mitwirkung bei den abrechnungstechnischen Fragestellungen in der Verwaltung

3. Befugnisse des Stelleninhabers

- Einsicht in die Dokumentationen der Bewohner
- Kontaktpflege mit An-und Zugehörigen in Absprache mit den Bereichsleitungen
- Kontaktpflege mit Haus- und Fachärzten in Absprache mit den Bereichsleitungen
- Unterschriftenbefugnisse für die Leistungsnachweis über eine Beratung (Beratungsprozess) nach § 132g Abs. 3 SGB V
- Unterschriftenbefugnisse für die fachspezifische Korrespondenz

4. Zusammenarbeit mit anderen Stellen/Funktionen

- Leitungen im Pflegemanagement, Sozialer Dienst, Verwaltung, Seelsorge, Haus-und Fachärzte, interne und externe Dienstleistungserbringer, regionale Netzwerke wie z.B. SAPV, Ambulanter Hospizdienst

5. Anforderungen der Stelle

Diese Aufgabe stellt hohe Anforderungen an die organisatorische, interaktive, kommunikative und vermittelnde Sozialkompetenz, an Teamfähigkeit und an die ethische Reflexionsfähigkeit. Vorausgesetzt werden Kompetenzen in folgenden Bereichen:

- Qualifikationsvoraussetzungen und Weiterbildung entsprechend den Anforderungen des § 12 der Vereinbarung nach § 132g Abs. 3 SGB V über Inhalte und Anforderungen der gesundheitlichen Versorgungsplanung für die letzte Lebensphase aus 2017
- Fachliche und personale Kompetenzen und Erfahrungen im Bereich der stationären Langzeitpflege
- Medizinisch-pflegerische einschließlich palliative Kenntnisse sowie Kenntnisse im Sozial- und Betreuungsrecht und psychische, soziale, ethische und kulturelle Kenntnisse im Kontext von Alter und Sterben
- Ausgeprägte kommunikative Fähigkeiten und Bereitschaft zur Reflexion und Supervision
- Kenntnisse im Projektmanagement
- Berufliche Erfahrung: Mindestens 5 Jahre Berufserfahrung

Er verpflichtet sich zur persönlichen Fort- und Weiterbildung.

6. Datum und Unterschriften

Die Stellenbeschreibung wird regelmäßig überprüft und bei Bedarf geändert.

Datum und Unterschrift Stelleninhaber:

____

Datum und Unterschrift Vorgesetzte

____

Genehmigt durch den Träger der Einrichtung:

____

Informationskarte für Bewohner und die An- und Zugehörigen

- mit einem Bild der Gesprächsbegleiter
- mit Namen, Qualifikation und Erreichbarkeit

Diese Informationskarte kann nach dem Erstkontakt bei der Bewohnerin/dem Bewohner in ihrem/seinem Zimmer hinterlegt werden, damit Gespräch und Anliegen in Erinnerung bleiben und Angehörige von dem Gesprächsangebot ebenfalls Kenntnis erlangen können. Dadurch wird eine direkte Kommunikation mit den Gesprächsbegleitern in der Einrichtung möglich.

TIPP Diese Information könnte auch durch die Übergabe einer Visitenkarte erfolgen. Da die Visitenkarte klein, evtl. schlecht lesbar ist und Gefahr läuft, verloren zu gehen, wird eine Infokarte mit großer Schrift vorgeschlagen (mindestens Din A 5).

Textbeispiel:

Guten Tag,
mein Name ist ... Ich bin ausgebildete Gesprächsbegleiterin für die gesundheitliche Versorgungsplanung und arbeite im ....
Hiermit möchte ich Sie auf ein Gesprächsangebot in unserem Haus aufmerksam machen. Wir erleben leider immer wieder Situationen, in denen Bewohner schwer erkranken und nicht mehr ansprechbar sind. Die Erfahrung zeigt, dass oft nicht eindeutig ist, wie wir sie dann so versorgen können, dass die medizinische Behandlung, die Pflege und die Betreuung Ihren Wünschen entspricht. Wir bieten deshalb in unserem Haus Gespräche an, in denen wir Sie begleiten und unterstützen, Ihre Behandlungswünsche für eine Situation zu definieren, in der Sie selbst keine Auskunft mehr geben können. Wir können gemeinsam mögliche Lebens- und Krankheits-Situationen gedanklich durchgehen und schriftlich erfassen, wie wir in den entsprechenden Situationen gut für Sie sorgen und handeln sollen. Wenn Sie möchten, erstellen wir gemeinsam mit Ihnen entsprechende Dokumente, in denen Ihre Behandlungswünsche für alle ersichtlich und verbindlich festgehalten sind.
Das Gesprächsangebot ist selbstverständlich freiwillig und soll Sie unterstützen, ihre Anliegen und Vorstellungen im Hinblick auf ein gutes Leben am Lebensende schriftlich festzuhalten. Das Ausfüllen von Dokumenten ist nicht verpflichtend.

Auf Wunsch erstellen wir mit Ihnen
- eine Patientenvollmacht
- eine gesundheitliche Versorgungsplanung
- einen Notfallplan für eine akute Erkrankung

Gerne können wir zu dem Gespräch auch Ihre Angehörigen, Freunde oder ihren Hausarzt einladen. In absehbarer Zeit werde ich Sie besuchen und anfragen ob Sie ein Gespräch mit mir wünschen. Sollten Sie bereits Gesprächsbedarf haben, können Sie sich gerne auch jetzt schon an mich wenden und einen Termin vereinbaren.

<Name>
Büro: Telefonnummer

Formular zur Dokumentation der Gesprächskontakte[2]

Auf der nächsten Seite wird eine Liste, in der die Gesprächskontakte dokumentiert werden können, vorgestellt. Der Bogen kann als internes Arbeitsinstrument genutzt werden. Die Liste dient dazu, alle Bewohner im Blick zu behalten sowie den Überblick über die einzelnen Gesprächsprozesse und deren Stand zu sichern.

Das Dokument könnte auch elektronisch geführt werden. Darüber hinaus ist es sinnvoll, die Informationen monatlich mit der aktuellen Liste der Heimbewohner abzugleichen und Neueinzüge zu dokumentieren. Bei mehreren Gesprächsbegleitern ist in einer weiteren Spalte der jeweilige Name des Gesprächsbegleiters zu fixieren.

2 Zum Download unter www.lambertus.de/GVP.

Gesprächskontakte und deren Verlauf									
Name Bewohner	Wohnbereich/ Zimmer	Auf-nahme	Erst kontakt	1. Beglei-tung	2. Be-gleitung	3. Be-gleitung	Wichtiges	Dokumentation wie:	Überprüfung
Belser, Maria	WB2/Zi 14	12.02.20	10.03.20	16.03.20	26.03.20	14.04.20	3. Termin mit Tochter	Notfallbogen Siehe PD	31.10.20
Weis, Sidonia	WB4/Zi 8	06.04.20	20.04.20	24.04.20	–	–	keine weitere Begleitung	siehe PD	31.10.20
Schätzle, Ida	WB3/Zi 5	08.04.20	22.04.20	ausgefallen – Kranken-haus					

Formen von Fallbesprechungen

Einrichtungen entscheiden, welche Gesprächsformen zum regelhaften Bestandteil ihrer Arbeit gehören. Idealerweise sind Aussagen dazu auch in den Konzepten zum Pflegeverständnis oder zur Palliative Care hinterlegt. Im Sinne der Implementierung der gesundheitlichen Versorgungsplanung ist relevant, wann von wem welche Gesprächsformen gewählt und angewendet werden. Auch die Abgrenzungen zu der fachlich begründeten Fall- bzw. Bewohnerbesprechung und der Ethischen Fallbesprechung als ein moderiertes Gespräch zur Entscheidungsfindung sind relevant.

	Hermeneutische Fallbesprechung *Hermeneutisches Fallverstehen als Grundkompetenz*	**Gesundheitliche Versorgungsplanung – Fallbesprechung/ Palliative Fallbesprechung**	**Ethische Fallbesprechung**
Ziel/Anlass	Kollegiale Beratung Situationen uneindeutig, Umgang mit Bewohner und Angehörigen unklar, Fall verstehen, Interpretation, Arbeitsbündnis herstellen	Im Rahmen einer Fallbesprechung soll nach den individuellen Bedürfnissen des Versicherten insbesondere auf medizinische Abläufe in der letzten Lebensphase und während des Sterbeprozesses eingegangen, sollen mögliche Notfallsituationen besprochen und geeignete einzelne Maßnahmen der palliativ-medizinischen, palliativ-pflegerischen und psychosozialen Versorgung dargestellt werden. Vorausplanung, Notfallplan erstellen, gemeinsamen Handlungsansatz finden, Entlastung der Mitarbeiter	Dilemmasituation gemeinsam bewältigen, ethisch begründet entscheiden Entlastung der Mitarbeiter
Voraussetzung	Einwilligungsfähigkeit hat keine Relevanz des Bewohners	Einwilligungsfähigkeit vorhanden des Bewohners	Einwilligungsfähigkeit **nicht** vorhanden des Bewohners
Zeitpunkt	retrospektiv oder situativ im hier und jetzt	geplantes Gespräch; Wiederholung bei neuen Erkenntnissen zum mutmaßlichen Willen bzw. Änderungen	geplantes Gespräch, Wiederholung bei neuen Erkenntnissen zum mutmaßlichen Willen bzw. Änderungen
Methodische Aspekte	Interpretation, Rekonstruktion, Sinnstrukturen entschlüsseln beobachtend, verstehend, Möglichkeiten finden	Total Pain Konzept als Struktur zur Faktensammlung Zielt auf den mutmaßlichen Willen des Bewohners	Hierachiearmer und moderierter Diskurs, Argumente und Werte abwägen, Prinzipienethik nach Beauchamp und Childress Gesprächsleitfaden,
Beteiligte	Team, Kollegen Beteiligte im Fallgeschehen	Hausarzt, Angehörige Bezugspersonen des Bewohners aus der Einrichtung, Betreuer	Hausarzt, Angehörige Bezugspersonen des Bewohners aus der Einrichtung, Betreuer
Ergebnis	Protokoll	Dokumentation des Willens des Bewohners,	Protokoll zu den weiteren Handlungen

Anforderungen an die Qualifikation der Beraterin/ des Beraters

Vereinbarung nach § 132g Abs. 3 SGB V über Inhalte und Anforderungen der gesundheitlichen Versorgungsplanung für die letzte Lebensphase vom 13.12.2017 (Auszug)

§ 12 Anforderungen an die Qualifikation der Beraterin/des Beraters

(1) Die Qualifikation zur Beraterin/zum Berater ist am Deutschen Qualifikationsrahmen auszurichten (DQR). Der DQR beschreibt auf acht Niveaus fachliche und personale Kompetenzen, an denen sich die Einordnung der Qualifikationen orientiert, die in der allgemeinen, der Hochschulbildung und der beruflichen Bildung erworben werden. Die Niveaus haben eine einheitliche Struktur. Sie beschreiben jeweils die Kompetenzen, die für die Erlangung einer Qualifikation erforderlich sind. Der DQR unterscheidet dabei zwei Kompetenzkategorien: „Fachkompetenz", unterteilt in „Wissen" und „Fertigkeiten", und „Personale Kompetenz", unterteilt in „Sozialkompetenz" und „Selbständigkeit".

(2) Für die Ausübung der Tätigkeit als Beraterin/als Berater im Rahmen der gesundheitlichen Versorgungsplanung für die letzte Lebensphase sind fachliche und personale Kompetenzen und Erfahrungen notwendig. Die fachliche Kompetenz zeichnet sich insbesondere durch medizinisch- pflegerische einschließlich palliative Kenntnisse sowie Kenntnisse im Sozial- und Betreuungsrecht und psychische, soziale, ethische und kulturelle Kenntnisse im Kontext von Alter und Sterben aus.

(3) Die personale Kompetenz zeichnet sich insbesondere durch eine Gesprächsführungskompetenz und Beratungshaltung aus, die

- kooperativ,
- kommunikativ,
- selbstreflektierend,
- verantwortungsbewusst,
- respektvoll und
- empathisch ist.

(4) Die Berater verfügen über eine Grundqualifikation in Form einer abgeschlossenen Berufsausbildung als

- Gesundheits- und Krankenpfleger/in,
- Altenpfleger/in,
- Kinderkrankenpfleger/in,

- staatlich anerkannte Heilerziehungspflegerin/anerkannter Heilerziehungspfleger,
- staatlich anerkannte Heilpädagogin/anerkannter Heilpädagoge,
- staatlich anerkannte Erzieherin/anerkannter Erzieher oder eine andere vergleichbare Berufsausbildung

oder über einen einschlägigen Studienabschluss im Bereich
- der Gesundheits- und Pflegewissenschaften,
- Geistes-, Sozial- und Erziehungswissenschaften (insbesondere als Pädagogin/Pädagoge, Heilpädagogin/Heilpädagoge, Sozialarbeiterin/Sozialarbeiter, Sozialpädagogin/Sozialpädagoge, Psychologin/Psychologe, Theologin/Theologe)

und eine dreijährige, für die gesundheitliche Versorgungsplanung einschlägige Berufserfahrung innerhalb der letzten acht Jahre, die mindestens den Umfang einer halben Stelle umfasst hat, insbesondere in einer vollstationären Pflegeeinrichtung oder einem ambulanten Pflegedienst, einem ambulanten Hospizdienst/ambulanten Kinderhospizdienst (hauptamtliche Koordinatorenkraft), einem stationären Hospiz/stationären Kinderhospiz, einem SAPV-Team, einer Palliativstation oder in einem Palliativdienst im Krankenhaus oder in Einrichtungen der Eingliederungshilfe für Erwachsene sowie Kinder und Jugendliche.

(5) Als Beraterin/Berater kommen auch Ärztinnen/Ärzte mit für die gesundheitliche Versorgungsplanung einschlägiger dreijähriger Berufserfahrung in der gesundheitlichen Versorgung von schwerstkranken oder sterbenden Menschen im ambulanten oder stationären Bereich in den letzten acht Jahren in Frage.

(6) Die Leistung der gesundheitlichen Versorgungsplanung für die letzte Lebensphase erfordert von den eingesetzten Beratern zusätzliche Kompetenzen, die im Rahmen einer Weiterbildung zur Beraterin/zum Berater der gesundheitlichen Versorgungsplanung für die letzte Lebensphase gemäß § 132g SGB V zu erwerben sind. Die Weiterbildung[3] gliedert sich in zwei Teile. Sie umfasst im ersten Teil mindestens 48 Unterrichtseinheiten[4] theoretischen Unterricht (mit Diskussionen, Rollenspielen, Intensivtraining in Kleingruppen etc.) und 12 UE bestehend aus
- zwei Beratungsprozessen mit insgesamt vier begleiteten Gesprächen der angehenden Beraterin/des angehenden Beraters unter Begleitung einer Dozentin/eines Dozenten mit anschließender Reflexion

3 Soweit bereits eine Weiterbildung abgeschlossen wurde, die qualitativ und quantitativ den nachfolgenden Anforderungen entspricht, ist diese anzuerkennen.
4 1 UE entspricht 45 Minuten.

– einschließlich der Vor- und Nachbereitung und Dokumentation durch die angehende Beraterin/den angehenden Berater.

(7) Nach erfolgreichem Abschluss des ersten Teils der Weiterbildung und einem entsprechenden Nachweis gegenüber der Krankenkasse sind die Berater berechtigt, Leistungen der gesundheitlichen Versorgungsplanung für die letzte Lebensphase nach § 132g SGB V in den in § 1 Abs. 2 genannten Einrichtungen zu Lasten der Krankenkassen zu erbringen (vgl. § 17).
Der zweite Teil der Weiterbildung dient der Sammlung weiterer Praxiserfahrung. Er umfasst die Durchführung von mindestens 7 Beratungsprozessen, die in der Regel innerhalb eines Jahres, alleinverantwortlich geplant, vorbereitet, durchgeführt und dokumentiert werden. Dieser Praxisteil wird durch den Anbieter der Weiterbildung begleitet (z.B. Coaching-Gespräche, Plenararbeit, Organisation des Austausches zwischen Weiterbildungsteilnehmern). Nach erfolgreichem Abschluss des zweiten Teils erhält die Beraterin/der Berater ein Zertifikat, das den Landesverbänden der Krankenkassen bzw. den Verbänden der Ersatzkassen vorzulegen ist. Das Nähere ist in der Vergütungsvereinbarung zu regeln. Wenn das Zertifikat der Beraterin/des Beraters nicht vorgelegt wird, gilt die Weiterbildung als nicht abgeschlossen und weitere Leistungen können nicht erbracht werden.

(8) Die Weiterbildung beinhaltet im theoretischen Teil folgende Lernfelder:
1. Einführung in die gesundheitliche Versorgungsplanung für die letzte Lebensphase
2. Kenntnisse zu medizinisch-pflegerischen Sachverhalten
3. Ethische und rechtliche Rahmenbedingungen
4. Kommunikation in Beratungsgesprächen zur gesundheitlichen Versorgungsplanung für die letzte Lebensphase
5. Dokumentation und Vernetzung

Muster-Projektplan

Projektname: Einführung der Gesundheitlichen Versorgungsplanung im Altenpflegeheim ....

Phasen	Aufgaben/Tätigkeiten	Verantwortlich	Mitarbeit	Info an	Termine	Zeitraum/ Zeitbedarf
1. Vorbereitung (initialisieren, konzipieren und mobilisieren)	**Projektskizze und Projektplan ausarbeiten (Auftragsklärung)** (Phasen, Teilaufgaben, Ressourcen, Risiken, Annahmen, Abhängigkeiten und Einschränkungen, Kostenschätzung Qualitätskontrolle, Anträge und Genehmigungen).					
Projektdefinition Projekt-Planung	**Bildung einer internen Projektgruppe** (Rahmenbedingungen klären, wie z.B. Zeitaufwand und Arbeitszeit für das Projekt, Raum, Material, PC, Drucker...), Einbinden der identifizierten Ideenträger bzw. Meinungsführer					
	Regelkommunikation mit Leitung (Termine planen)					
	Konzept erarbeiten					
	Standard/Verfahren erarbeiten/QM Werkzeug der Gesprächsbegleiter Dokumente, Ablage					
	Vergütungsvereinbarung mit den Krankenkassen abschließen					
	Mitarbeiter qualifizieren (zeitlicher Aspekt bei der Weiterbildung beachten)					
	Interne und externe Netzwerke Runder Tisch, Kooperationen vereinbaren					
	Öffentlichkeitsarbeit (Hauszeitung, Ärzte, Angehörige, Kostenträger...)					

Phasen	Aufgaben/Tätigkeiten	Verantwortlich	Mitarbeit	Info an	Termine	Zeitraum/ Zeitbedarf
Projektdefinition Projekt-Planung	**Kick-off im Haus - Projektstart für alle** Projektplan vorstellen Information (z.B. Einladung zum Kick-off-Veranstaltung, Gespräch, Briefe, E-Mail, Telefonate) an: GF/Vorstand, Ärzte, Angehörige, Betreuer(innen), Pflegemitarbeiter(innen), Küche und Hauswirtschaft, Heimbeirat, Heimfürsprecher, Ehrenamtliche, Seelsorger, Pfarrer, Ordensleute, Sozialdienst, Reinigungsdienst **Stellenprofil und Auftrag der Gesprächsbegleiter kommunizieren**					
2. Durchführung (umsetzen)	**Angebote zur Auseinandersetzung mit gVP und Palliative Care planen und durchführen**, z.B. Jahresplanung zu themenspezifischen Fortbildungen, Wertedebatten . . .					
	gvP durchführen, protokollieren					
	gVP auswerten, evaluieren, Prozesse justieren					
	Mitarbeiter(innen) und relevante Personen über Entscheidung und Maßnahmen informieren,					
	Kommunikative Begleitung der Gesprächsbegleiter					
3. Abschluss (verstetigen)	**Soll-/Ist-Abgleich** (im Hinblick auf das Projektende) Bewerten und ggf. Ändern **Projektdokumentation archivieren**					
	Vorstellung der Ergebnisse und Erfahrungen bei ...					
	Installieren einer Arbeitsgruppe, Qualitätszirkels, eines Beauftragten oder ähnlichem im Sinne eines Themenhalters/Nachhaltigkeit					
	Abschlussbericht					
	Wertschätzung/Abschlussfeier					

Weiterführende Informationen

Rechtliche Grundlagen

Bundesministerium für Gesundheit. Fragen und Antworten zum Hospiz- und Palliativgesetz. Online verfügbar unter https://www.bundesgesundheitsministerium.de/service/begriffe-von-a-z/h/hospiz-und-palliativgesetz/faq-hpg.html, geprüft 01.08.2020.

Federführerschaft: Gesundheitliche Versorgungsplanung für die letzte Lebensphase nach § 132g SGB V zum Abschluss einer Vergütungsvereinbarung (Stand: 29.09.2020). Online verfügbar unter neuer Link: https://www.gkv-spitzenverband.de/media/dokumente/krankenversicherung_1/hospiz_palliativversorgung/versorgungsplanung/2020_08_04_HP_Federfuehrerschaft_zur_GVP_nach_132g_SGB_V.pdf, geprüft am 05.08.2020.

Fragen-/Antworten-Katalog zur Umsetzung der Vereinbarung nach § 132g Abs. 3 SGB V über Inhalte und Anforderungen der gesundheitlichen Versorgungsplanung für die letzte Lebensphase vom 13.12.2017 durch die Vereinbarungspartner nach § 132g Abs. 3 SGB V (2018). Online verfügbar unter https://www.gkv-spitzenverband.de/media/dokumente/krankenversicherung_1/hospiz_palliativversorgung/versorgungsplanung/20181029_FAQ_letzte_Lebensphase_Umsetzung_132g_SGB_V.pdf, geprüft, am 29.09.2020.

Gesetz zur Verbesserung der Hospiz- und Palliativversorgung in Deutschland (Hospiz- und Palliativgesetz–HPG) vom 1. Dezember 2015. Online verfügbar unter https://www.bgbl.de/xaver/bgbl/start.xav?startbk=Bundesanzeiger_BGBl&jumpTo=bgbl115s2114.pdf, geprüft 01.08.2020.

Vereinbarung nach 132g Abs. 3 SGB V über Inhalte und Anforderungen der gesund-heitlichen Versorgungsplanung. Online verfügbar unter: https://www.gkv-spitzenverband.de/media/dokumente/krankenversicherung_1/hospiz_palliativversorgung/versorgungsplanung/Vereinbarung_nach_132g_Abs_3_SGBV_ueber_Inhalte_und_Anforderungen_der_gesundheitlichen_Versorgungsplanung.pdf, geprüft 01.8.20208.[5]

Vereinbarung nach 132g Abs. 3 SGB V über Inhalte und Anforderungen der gesund-heitlichen Versorgungsplanung. Anlage 1: Erklärung zur Erfüllung der Anforderungen nach § 14 der Vereinbarung nach § 132g Abs. 3 SGB V. Online verfügbar unter https://www.gkv-spitzenverband.de/media/dokumente/krankenversicherung_1/hospiz_palliativversorgung/versorgungsplanung/An-

5 Zum Download unter www.lambertus.de/GVP.

lage_1_-_Erklaerung_zur_Erfuellung_der_Anforderungen_nach__14_der_Vereinbarung_nach__132g_Abs._3_SGB_V.pdf, geprüft 01.08.2020.

Vereinbarung nach 132g Abs. 3 SGB V über Inhalte und Anforderungen der gesund-heitlichen Versorgungsplanung. Anlage 2: Leistungsnachweis über eine Beratung Beratungsprozess nach §132g Abs. 3 SGB V. Online verfügbar unter https://www.gkv-spitzenverband.de/media/dokumente/krankenversicherung_1/hospiz_palliativversorgung/versorgungsplanung/Anlage_2_-_Leistungsnachweis_ueber_eine_Beratung_Beratungsprozess_nach__132g_Abs._3_SGB_V.pdf, geprüft 01.08.2020.

Relevante Bezugsdokumente

Betreuung schwerstkranker und sterbender Menschen im hohen Lebensalter in Pflegeeinrichtungen. Grundsatzpapier zur Entwicklung von Hospizkultur und Palliativversorgung in stationären Einrichtungen der Altenhilfe (Hrsg): Deutsche palliativ-pflegerischenGesellschaft für Palliativmedizin e. V., Deutscher Hospiz- und PalliativVerband e. V. Online verfügbar unter: https://www.dhpv.de/tl_files/public/Themen/Stationaere%20Altenpflege/Grundsatzpapier-stationaere-Altenpfelge_DHPV-DGP.pdf, geprüft 01.08.2020.

Bundesarbeitsgemeinschaft Hospiz (heute DHPV) zur Förderung von ambulanten, teilstationären und stationären Hospizen und Palliativmedizin e.V.: Hospizkultur im Alten- und Pflegeheim – Indikatoren und Empfehlungen zur Palliativkompetenz. Online verfügbar unter: https://www.dhpv.de/tl_files/public/Themen/Stationaere%20Altenpflege/BAG_broschuere_hospizkultur-im-alten-u-pflegeheim.pdf, geprüft 01.08.2020.

Bundesarbeitsgemeinschaft der Freien Wohlfahrtspflege e. V. (BAGFW) (Hrsg.) (2018): Handreichung zur Umsetzung der Vereinbarung über Inhalte und Anforderungen der gesundheitlichen Versorgungsplanung für die letzte Lebensphase gemäß § 132g Abs.3 SGB V. Berlin. Online verfügbar unter: https://www.bagfw.de/fileadmin/user_upload/Veroeffentlichungen/Publikationen/2018-04-20_BAGFW_Handreichung____132g_Abs._3_SGB_V_final.pdf, geprüft 05.08.2020.

Caritasverband für das Bistum Aachen e.V. (Hrsg.) (2018): Versorgungsplanung in der letzten Lebensphase Stellungnahme des Ethikkomitees des Caritasverbandes für das Bistum Aachen zur gesundheitlichen Versorgungsplanung für Bewohnerinnen und Bewohner in der letzten Lebensphase gemäß § 132g SGB V in stationären Pflegeeinrichtungen mit Versorgungsvertrag nach § 72 SGB XI. Online verfügbar unter https://www.caritas-ac.de/unser-verband/neues-aus-der-verbandlichen-caritas/ethikkomitee-gibt-stellungnahme-zum-132g

Charta zur Betreuung schwerstkranker und sterbender Menschen in Deutschland. 5 Leitsätze für die Betreuung schwerstkranker und sterbender Menschen. Online verfügbar unter: https://www.charta-zur-betreuung-sterbender.de/die-charta_leitsaetze.html, geprüft am 01.08.2020

Deutscher Hospiz- und Palliativ-Verband e.V. (Hrsg.) (2016): Advance Care Planning (ACP) in stationären Pflegeeinrichtungen. Eine Einführung auf Grundlage des Hospiz- und Palliativgesetzes (HPG). Berlin. Online verfügbar unter: https://www.dhpv.de/tl_files/public/Service/Broschueren/Handreichung_ACP.pdf, geprüft 05.08.2020.

Deutscher Hospiz- und Palliativ Verband e.V. (Hrsg.) (2017): Empfehlungen der Fachgruppe ‚Hospizkultur und Palliativmedizin in stationären Pflegeeinrichtungen' zur Zusammenarbeit und Kooperationsgestaltung von Mitgliedseinrichtungen mit stationären Pflegeeinricht-ungen. Online verfügbar unter https://www.dhpv.de/tl_files/public/Service/Broschueren/20170420_HR_Pflegeheime.pdf, geprüft 05.08.2020.

Ethikrat katholischer Träger von Gesundheits- und Sozialeinrichtungen im Bistum Trier (Hrsg.) (2017): Stellungnahme des Ethikrates Gesundheitliche Versorgungsplanung für die letzte Lebensphase von Bewohnern stationärer Pflegeeinrichtungen. Ethik-Institut an der Philosophisch-Theologischen Hochschule Vallendar. Online verfügbar unter: https://www.marienhaus-stiftung.de/fileadmin/marienhausstiftung/Traegeruebergreifender_Ethikrat_im_Bistum_Trier/Ethikrat_Stellungnahme_ACP_2017_web.pdf, geprüft 01.08.2020.

Minister für Soziales und Integration Baden-Württemberg (2020): Leitfaden für stationäre Pflegeeinrichtungen zur Verbesserung der palliativen Kompetenz, online verfügbar unter https://sozialministerium.baden-wuerttemberg.de/fileadmin/redaktion/m-sm/intern/downloads/Publikationen/SM-BW_Leifaden_Palliativ_2020-07.pdf, geprüft am 05.08.2020.

Weiterführende Literatur – Projektberichte und wissenschaftliche Publikationen

Ates, G., Gunzelmann, F. , Grützner, F., Jaspers, B., Kern, M., Lukas Radbruch, L., Wiefels, S. (2017): Hospizkultur und Palliativversorgung in Einrichtungen der stationären Altenhilfe in Nordrhein-Westfalen Abschlussbericht zu einer Erhebung des Ist-Standes. Ansprechstellen im Land NRW zur Palliativversorgung, Hospizarbeit und Angehörigenbegleitung (ALPHA) (Hrsg.) Bonn. Online verfügbar unter https://alpha-nrw.de/wp-content/uploads/2017/07/abschlussbericht-hospizkultur-und-palliativversorgung-in-einrichtungen-der-stationaeren-altenhilfe-in-nordrhein-westfalen.pdf, geprüft 01.08.2020.

Dill, H., Gmür, W., von Hayek, J., Marke, S., Schneider, W., Schneider, S, Stadelbacher, S. (2017): Sterben zuhause im Heim (SiH) – Hospizkultur und Palliativkompetenz in der stationären Langzeitpflege Vorgehen, empirische Befunde und abgeleitete Handlungsempfehlungen. Zentrum für Interdisziplinäre Gesundheitsforschung (ZIG) an der Universität Augsburg; Institut für Praxisforschung und Projektberatung (IPP) München. Online verfügbar unter https://www.bundesgesundheitsministerium.de/fileadmin/Dateien/5_Publikationen/Pflege/Berichte/_SiH_Sachbericht_413u415_FINAL_2018-05-22.pdf, geprüft 01.05.2020.

in der Schmitten, J; Lex, K; Mellert, C; Rothärmel, S; Wegscheider, K; Marckmann, G. (2014): Implementing an Advance Care Planning Program in German Nursing Homes. Results of an Inter-Regionally Controlled Intervention Trial. Deutsches Ärzteblatt 111 (4). Online verfügbar unter https://www.aerzteblatt.de/pdf.asp?id=152957, geprüft 01.08.2020.

Landrichter, A., Müller, D., Kottke, S. (2017): Gesundheitliche Versorgungsplanung(gVP) am Lebensende in stationären Pflegeeinrichtungen" im Rahmen des Netzwerk Palliative Geriatrie Berlin. Abschlussbericht. Online verfügbar unter https://www.palliative-geriatrie.de/fileadmin/downloads/Forschung/Pilotprojekt_gVP_im_NPG_Berlin_ohne_Anlagen_20170405.pdf, geprüft 01.08.2020.

Petri, S. (2017): Projekt zur Schulung von Vorsorgebegleitern zur Durchführung gesundheitlicher Vorausplanung in Einrichtungen der stationären Altenhilfe und der Eingliederungshilfe. Caritasverband der Erzdiözese München und Freising e.V. Online verfügbar unter https://www.caritas-nah-am-naechsten.de/cms-media/media-2667520.pdf, geprüft 01.08.2020.

Ministerium für Gesundheit, Emanzipation, Pflege und Alter des Landes Nordrhein-Westfalen (2014): Hospizkultur und Palliativversorgung in Pflegeeinrichtungen in Nordrhein-Westfalen. Umsetzungsmöglichkeiten für die Praxis. Online verfügbar unter https://alpha-nrw.de/wp-content/uploads/2014/05/nrw-rahmenempfehlungen-2016- web.pdf, geprüft 01.08.2020.

Nützliche Adressen und Links

Bundesministerium für Gesundheit: Hospiz- und Palliativgesetz. Flyer des Bundesgesundheitsministeriums. Online verfügbar unter https://www.bundesgesundheitsministerium.de/fileadmin/Dateien/5_Publikationen/Gesundheit/Flyer_Poster_etc/Hospiz-_und_Palliativgesetz.pdf, geprüft am 01.08.2020..

Deutschsprachige interprofessionelle Vereinigung, Behandlung im Voraus Planen, Advance Care Planning

DiV-BVP e.V. c/o Würdezentrum gUG, Geleitsstraße 14, 60599 Frankfurt a. M., Tel: 069 13 02 55 62 80, info@div-bvp.de (vormals bezeiten begleiten), Online verfügbar unter https://www.div-bvp.de/, geprüft 30.12.2018

Instrumente und Gesprächsleifaden[6]

Instrumente in Büchern

Sonja Lehmeyer, Annette Riedel, Anne-Christin Linde, Nadine Treff (2019): Gesundheitliche Versorgungsplanung für die letzte Lebensphase von Bewohner*innen in der stationären Altenhilfe. 310 Seiten, Verlag: Jacobs Verlag. Diese Publikation beschreibt eine Weiterbildungskonzeption. Darin eingebunden sind Instrumente und Verfahrensanweisungen.

Die Dokumente der div-bvp:

Auf der Homepage ist folgende Hinweis zu lesen:
„Die hier abgedruckten Auszüge aus der Patientenverfügung der DiV-BVP, insbesondere der Notfallbogen ÄNo, sind ausschließlich für den Gebrauch durch DiV-BVP-zertifizierte Gesprächsbegleiter bestimmt und bedürfen zudem der Integration in eine systematische regionale BVP-Implementierung. Andernfalls besteht ein hohes Risiko für fatale Missverständnisse – mit der Folge, dass Menschen entgegen ihrem eigentlichen Willen (nicht mehr) lebensverlängernd werden."
https://www.div-bvp.de/implementieren/#BVP-Dokumentation

Patienten- Anweisungen für lebenserhaltende Maßnahmen

Für Patienten in einer palliativen Situation ergänzend zur ausführlichen Patientenverfügung
Das PALMA- Formular ist für Patienten in einer palliativen Situation mit beschränkter Lebenserwartung konzipiert. Das „PALMA" ist ein Zusatz zu einer

6 Die Auflistung stellt eine Auswahl dar. Sie erhebt keinen Anspruch auf Vollständigkeit. (Alle Download auf Aktualität geprüft am 06.06.2020.)

bestehenden ausführlichen Patientenverfügung und muss obligat von einem Arzt beraten und gegengezeichnet werden. Bitte beachten Sie das Urheberrecht, das Dokument darf ohne Zustimmung weder verändert noch für andere Zwecke verwendet werden. Download unter: https://www.agswn.de/sites/default/files/geschaeftsstelle/PALMA-Formular%20Vers.3.2.pdf

Palliativausweis – Notfallplan für die Palliativversorgung

In Notfallsituationen ermöglicht der Solinger Palliativausweis dem Arzt vor Ort sich schnell zu informieren, um so eine Entscheidung entsprechend dem im Ausweis festgelegten Willen zu treffen. Der Solinger Palliativausweis ist kostenfrei telefonisch oder per Email zu bestellen.
Email: palliativausweis@palliativteamsolingen.de

Essener Palliativausweis

Der Ausweis wurde in Zusammenarbeit mit der Essener Gesundheitskonferenz, der Berufsfeuerwehr Essen, dem Netzwerk Palliativmedizin Essen, dem Verein Hospizarbeit Essen e.V., den Notfall- und Intensivmedizinern und niedergelassen Ärzten erstellt und ist vom Rechtsamt der Stadt Essen geprüft und frei gegeben worden. Der Essener Palliativausweis (EPA) stellt eine Ergänzung, aber keinen Ersatz für eine Patientenverfügung dar. Er soll eine Informationslücke schließen. Menschen, die an einer nicht heilbaren, fortgeschrittenen und zum Tode führenden Erkrankung leiden, haben die Möglichkeit ihren Willen für diese spezielle Situation rechtsgültig festzulegen.
https://netzwerk-palliativmedizin-essen.de/Formulare/EPA_Palliativausweis_A6_MUSTER_WEB.pdf

Notfallplan/Verfügung bei palliativen Notfallsituationen

Runder Tisch Palliativ- u. Hospizliche Vernetzung Passau Stadt- Landkreis
Diese besondere Form der Patientenverfügung soll angewendet werden, wenn bereits schwerwiegende Krankheiten aufgetreten sind bzw. Komplikationen befürchtet werden müssen. Der/die Patient/in kann so sicher stellen, dass Untersuchungen und Behandlungen nur dann durchgeführt werden, wenn sie seinem/ihrem Willen entsprechen, für den Fall, dass er/sie ihn selbst nicht mehr äußern kann. http://www.palliativnetz-ndb.de/images/download/2013_Passau_Notfallplan_Patientenverfuegung.pdf

Vorsorgedialog Österreich

Der VSD VORSORGEDIALOG® für Alten- und Pflegeheime Österreichs stellt den Betreuenden (Pflege und ÄrztInnen) einen strukturierten Kommunikationsprozess für die Durchführung von Gesprächen mit den Bewohnern zur letzten Lebenszeit zur Verfügung. Es geht um die Wünsche und Vorstellungen der Bewohnern für ein gutes Leben im Pflegeheim, aber auch darum, was Bewohnern wichtig ist, wenn das Sterben absehbar und nah ist. Online verfügbar unter: https://www.hospiz.at/wordpress/wp-content/uploads/2016/11/VSD_15.03.2017_Ansichtsexemplar.pdf, geprüft am 06.06.2020

Bonn Lighthouse Verein für Hospizarbeit Patientenverfügung in leichter Sprache – Zukunftsplanung am Lebensende: Was ich will

Patientenverfügung in leichter Sprache gibt es seit Mai 2015 in zwei Ausführungen. Beide Versionen sind bei entsprechender Unterzeichnung rechtsgültig.
VERSION A: Diese Version richtet sich sowohl an Personen mit einer leichten bis mittleren kognitiven Beeinträchtigung als auch an jene, denen „gängige" Patientenverfügungen zu komplex, zu medizin-lastig oder zu unübersichtlich sind.
VERSION B: Diese Version entstand auf Grundlage der bisherigen Broschüre, wurde aber zusätzlich mit Piktogrammen versehen und der Text ist weitgehend in leichter Sprache verfasst. Sie richtet sich an Personen mit einer mittleren bis stärkeren kognitiven Beeinträchtigung. https://patientenverfuegung.bonn-lighthouse.de/

Notfallbogen – Beispiele

Notfallbogen Solinger Arbeitskreis PalliativeCare:
http://www.hospiz-solingen.de/wpn/wp-content/docs/Notfallplan.pdf

Home Care Berlin e.V. – Was in einem lebensbedrohlichenNotfall bei mir zu tun oder zu lassen ist ... (diese Notfallverfügung ist für Bewohner von Pflege-/Altenheimen gedacht): https://homecareberlin.de/wp-content/uploads/HCB-Notfallverf%C3%BCgung.pdf

Notfallplanung für Palliativpatienten Muster der Bezirksärztekammer Südwürttemberg nach Vorlage Notfallplan Tropenklinik Tübingen
Der vorliegende Notfallplan wurde 2009–2011 in der Stadt Tübingen als Gemeinschaftsprojekt der stationären Pflegeeinrichtungen, der Tropenklinik Paul-Lechler-Krankenhaus und der Tübinger Hospizdienste e.V. in den Pflegeheimen eingeführt. Die Juristen der Bezirksärztekammer Südwürttemberg haben das

Dokument geprüft und bei Vorliegen der Unterschriften von Pflegeheimbewohner/Betreuer, Hausarzt und Pflegekraft als rechtlich verbindlich beurteilt. https://www.tuebinger-hospizdienste.de/index.php/notfallplanung-fuer-palliativpatienten.html

Behandlungswillen und Corona

Patientenverfügung für die Situation einer behandlungspflichtigen SARS-CoV-2-Infektion

Der Augsburger Hospiz- und Palliativversorgung e.V hat sich mit den aktuellen Anforderungen für den Fall einer Erkrankung mit Covid-19 beschäftigt. Bei einer Infektion mit dem SARS-CoV-2 Erreger besteht bei vielen Menschen die Sorge, dass aufgrund der Festlegung in einer bereits bestehenden Patientenverfügung keine intensivmedizinischen Maßnahmen, wie beispielsweise die der künstlichen Beatmung, erfolgen. Dann ist es ratsam, das bestehende Dokument nochmals zu überprüfen und eventuell einen Zusatz zu vermerken oder nur für diesen speziellen Fall eine Patientenverfügung zu erstellen.
https://www.fuersichvorsorgen.de/fileadmin/ahpv/download/dl/form-ahpv-Patientenverfuegung-Corona.pdf

Schon ausgemalt? Zukunft

Flyer zur individuellen Vorsorgeberatung des Augsburger Hospiz- und Palliativversorgung e.V. https://www.fuersichvorsorgen.de/fileadmin/ahpv/download/flyer/ahpv-flyer-fsvs-vorsorgeberatung.pdf

Beispiel für Flyer und Informationsbroschüren

Beratungsangebot Wünsche für die letzte Lebensphase (Neu-Isenburg) https://www.mission-leben.de/fileadmin/redaktion/public/pdf/Altenhilfe/Haus_Jona/Flyer_Plakate/Flyer_ACP_Neu-Isenburg_200309_web.pdf

Was soll werden, wenn ich selbst nicht mehr entscheiden kann? (Erfurt) https://www.caritas-cte.de/

Beratungsangebot zur gesundheitlichen Versorgungsplanung für mehr Selbstbestimmung und Lebensqualität am Lebensende (Duisburg), https://www.malteserstifte-rhein-ruhr-ems.de/fileadmin/Files_sites/Altenhilfe/Malteserstifte/Dokumente/2019/2019_Beratungsangebot_zur_gesundheitlichen_Versorgungsplanung_web.pdf

Selbstbestimmtes Leben nach eigenen Wünschen im Alter (Lastrup) https://www.elisabeth-stift-lastrup.de/images/downloads/GVP_internet.pdf

Kontakte und Vernetzung

Kontaktdatenbank zur Vernetzung von Gesprächsbegleiter*innen in Niedersachsen, https://www.hospiz-palliativ-nds.de/wp-content/uploads/2019/06/Flyer-Gespr%C3%A4chsbegleiterinnen.pdf

Die Autorinnen

Ilona Grammer, Dr. rer. cur., Pflegewissenschaftlerin MSc., ist als Referentin für stationäre Altenhilfe beim Caritasverband für die Erzdiözese Freiburg e.V. tätig. Langjährige Berufserfahrung im Pflegemanagement und in der wohlfahrtspolitischen Arbeit im Bereich der Akut- und Langzeitpflege.

Petra Schweller, M.A. Angewandte Ethik im Gesundheitswesen, Dipl. Pflegepädagogin, Gestaltberaterin, ist als Lehrerin in der Pflegeausbildung in der Schweiz tätig. Langjährige Erfahrung in der Durchführung von Fort- und Weiterbildung mit den thematischen Schwerpunkten Ethik und Pflege.

Teilhabe am Lebensende

Das Handbuch für die Praxis zeigt Fachkräften der Behindertenhilfe praktische Lösungen auf und welche Unterstützung und Hilfe für Menschen mit Behinderung am Lebensende möglich, gewünscht und passend ist. Der weit gefasste Hilfebegriff umfasst Hintergrundinfos ebenso wie Hinweise zur sensiblen, persönlichen Betreuung und Hilfestellung für kleine Andachten. Konkrete Hinweise, was bei Tod, Nachlassregelung und Bestattung zu tun ist, ergänzen die vielschichtige Text- und Materialsammlung.

Janina Bessenich, Thorsten Hinz (Hg.)
Teilhabe am Lebensende
1. Auflage, 2019, 108 Seiten, kartoniert
€ 23,00
ISBN 978-3-7841-3216-7

PAKT

Die meisten Menschen haben den Wunsch nach einem möglichst langen, selbständigen und unabhängigen Leben in der eigenen Häuslichkeit sowie der Teilhabe am Leben. Im Rahmen des Modellprojekts „Präventives Alltags-Kompetenz-Training“ (PAKT) wurde in NRW ein präventives Konzept aus Beratungen, Schulungen und Trainingsfür ältere Menschen entwickelt, erprobt und ausgewertet. Die Menschen wurden in ihrer Häuslichkeit besucht, ihre Bedürfnisse, Ressourcen und Risiken erfasst und daraufhin individuelle Angebote gemeinsam mit ihnen gestaltet. Im Mittelpunkt standen ihre Gesundheit, ihr Zuhause sowie ihre Aktivitäten.

Das Buch stellt kompakt die Grundlagen und Ergebnisse der gesundheitsförderlich und präventiv ausgerichteten Ansätze in PAKT vor, reflektiert sie im Licht der aktuellen Sozialpolitik und gibt Empfehlungen für zukünftige Entwicklungen.

Frank Weidner,
Andreas Wittrahm (Hg.)

PAKT

Kompetenzerhalt und soziale Teilhabe im hohen Alter durch PAKT - Präventives Alltags-Kompetenz-Training

1. Auflage, 2020, 162 Seiten, kartoniert
€ 25,00
ISBN 978-3-7841-3206-8

www.lambertus.de

SOZIAL | RECHT | CARITAS